왕건부터 정도전까지
고려 역사 탐험

왕건부터 정도전까지
고려 역사 탐험

초판 1쇄 펴냄 2020년 11월 6일
　　 4쇄 펴냄 2025년 5월 20일

글 김은빈 | 그림 김언경

펴낸이 고영은 박미숙 | 펴낸곳 뜨인돌출판(주)
출판등록 1994.10.11.(제406-251002011000185호)
주소 10881 경기도 파주시 회동길 337-9
홈페이지 www.ddstone.com | 블로그 blog.naver.com/ddstone1994
페이스북 www.facebook.com/ddstone1994 | 인스타그램 @ddstone_books
대표전화 02-337-5252 | 팩스 031-947-5868

ⓒ 2020 김은빈

ISBN 978-89-5807-782-4 73910

어린이제품안전특별법에 의한 제품표시
제조자명 뜨인돌출판(주) **제조국명** 대한민국 **사용연령** 8세 이상

왕건부터 정도전까지

고려 역사 탐험

김은빈 글 | 김언경 그림

뜨인돌어린이

작가의 말

여러분은 한국 역사를 많이 아나요?
한국 역사를 좋아하는 친구들이 많이 아는 것은 조선 시대 역사입니다.
조선과 비교하면 고려 역사를 잘 아는 사람은 드문 것 같아요. 왜 고려 역사를 모르는 친구들이 많을까요?
여러분이 고려에 관심이 없어서가 아닙니다.
여기에는 다른 몇 가지 이유가 있어요.

첫째, 조선과 비교하면 고려는 더 오래된 시대라서 멀게 느껴진다.
둘째, 조선과 비교하면 고려를 배경으로 한 드라마, 영화가 적었다.
셋째, 조선과 비교하면 서점에는 고려 역사를 소개한 책들이 적다.

하지만 고려 시대에 일어난 사건과 인물 또한 우리가 알아야 할 소중한 역사예요. 고려는 무려 475년간의 기나긴 역사를 이어갔기 때문이지요.
그래서 결심했어요.

'어린이 독자를 위해 고려 역사를 쉽게 알려 주는 책을 쓰고 싶다!'

이 책은 고려 시대를 대표하는 위인들이 고려의 탄생부터 멸망까지의 주요 역사를 이야기하듯이 들려줍니다. 책에 나오는 역사 사건은 대한민국에 사는 어린이라면 꼭 알아둘 가치가 있는 것으로 골랐어요.

자, 지금부터 왕건을 시작으로 정도전까지 8명의 위인들이 들려주는 고려 역사 이야기 속으로 탐험을 떠나 볼까요? 잘 몰랐던 고려라는 나라가, 전보다 친숙한 모습으로 여러분 곁에 다가올 겁니다.

김은빈

차례

작가의 말 • 6
들어가기 전에 • 9

1장
왕건이 들려주는
고려 탄생 이야기
10

2장
광종이 들려주는
고려 성장 이야기
30

3장
강감찬이 들려주는
고려와 거란
전쟁 이야기
48

4장
최충이 들려주는
고려 전성기 이야기
66

5장
이규보가 들려주는
고려 쇠퇴 이야기
82

6장
김윤후가 들려주는
고려와 몽골
전쟁 이야기
100

7장
공민왕이 들려주는
고려 개혁 이야기
120

8장
정도전이 들려주는
고려 멸망과
조선 건국 이야기
140

아름다운 이 땅에 금수강산에
단군 할아버지가 터 잡으시고~
귀주대첩 강감찬 서희 거란족······
역사는 흐른다♬

이 노래 한 번쯤 들어 본 적 있겠지?
노래는 들어 봤어도 우리 역사는 잘 모른다고?
괜찮아! 지금부터 고려 시대의 대표 위인들이
고려 역사에 꼭 필요한 이야기들을 들려줄 거래.
아마 그들과 역사 탐험을 하다 보면
고려에 대한 궁금증도 많아지겠지?
혹시 처음 듣는 이야기가 나와도 걱정 마!
내가 너희 대신에 위인들께
'역사 궁금증'을 질문해 볼게!

1장

왕건이 들려주는 고려 탄생 이야기

태조 왕건
877~943(생애) 918~943(재위)
고려 제1대 왕

나는 국민 화합 정책으로 고려를 다스렸다.

"안녕, 여러분! 나는 고려를 세운 태조 왕건입니다.
첫 번째 왕인만큼 왕 이름이 태조(클 '태' 조상 '조')가 되었지요.
나는 어떻게 고려의 첫 왕이 될 수 있었을까요?
지금부터 내가 고려라는 나라가 생긴 이야기를 해 줄게요."

고려의 탄생 연표

- 900년 견훤, 후백제 건국하다
- 901년 궁예, 후고구려 건국하다
  후삼국 시대 시작 
- 918년 왕건, 고려 건국하다
- 927년 고려와 후백제, 공산 전투를 벌인 후 고려 패배하다
- 930년 고려와 후백제, 고창 전투를 벌인 후 고려 승리하다 
- 935년 견훤, 왕위에서 쫓겨나다
  경순왕, 고려에 항복하다 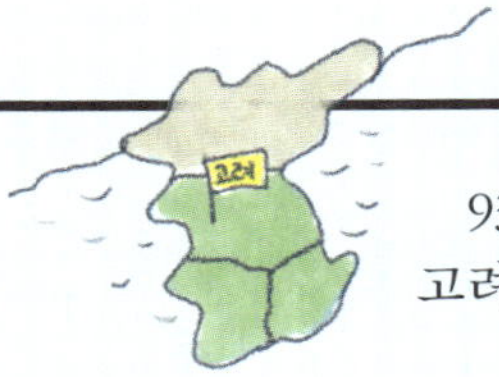
- 936년 신검, 고려에 항복하다
  고려, 삼국 통일하다

더보기 왕건은 고려를 만들기까지 심혈을 기울였다고 해요. 특히 후백제와 후고구려의 중심 세력인 호족들의 마음을 돌리기 위해 기인 제도, 사심관 제도 등 여러 제도도 만들었다고 하는데요. 왕건이 어떻게 호족들을 통합했을지 살펴볼까요?

고려는 어떻게 생겨났을까?

내가 태어난 877년에 한반도는 신라가 다스리고 있었어요. 신라는 676년에 백제와 고구려를 물리치고 삼국을 통일한 강한 나라였어요. 그러나 신라는 명성과 다르게 점점 힘이 약한 나라로 변해 갔답니다.

왜 약해졌을까? 바로 왕과 신하들이 나라를 제대로 다스리지 못했기 때문이지요. 신라가 약해지자 경제력이 탄탄하고 군사도 여럿 거느린 지방의 지도자 '호족'들은 이런 마음을 먹었어요. '신라는 이빨 빠진 호랑이다! 이 틈을 이용해 신라에서 독립하자. 내가 살고 있는 지방을 나라의 왕처럼 다스리자.'

호족 중에 가장 먼저 새 나라를 세운 사람은 견훤이었어요. 견훤은 900년에 옛 백제의 땅인 완산(오늘날 전주)에서 후백제라는 나라를 세웠지요.

이어 신라 땅 북쪽에서 또 다른 나라가 생겼어요. 바로 궁예라는 지도자가 901년에 후고구려라는 나라를 세웠답니다.

나는 궁예가 후고구려를 세우기 훨씬 전에 그와 만난 적이 있었어요.

나의 아버지 왕륭은 개성에서 활동하는 호족이었습니다. 아버지는 궁예가 한창 세력을 키워 나가고 있을 때, 정세를 빠르게 파악해 궁예의 편에 서는 것이 유리하다고 생각했습니다.

아버지는 궁예를 찾아가 그의 신하가 되겠다고 했어요. 이때 나도 아버지 옆에 있었어요.

"옆에 선 청년은 누군가?"

"제 아들 왕건이옵니다. 어릴 때부터 꾸준히 무술을 익혔습니다. 궁예님의 부하로 거두어 주소서."

궁예는 승낙했고, 나는 그때부터 궁예를 모시는 장교가 되었어요. 나는 여러 전투에서 활약하여 궁예의 신임을 받는 장수가 되었고, 후고구려가 차지하는 영토도 점점 넓어졌지요.

이처럼 신라, 후백제, 후고구려 세 나라가 경쟁하던 시대를 후삼국 시대라고 해요. 후삼국 시대에 신라는 점점 더 힘을 잃었어요. 반면 후고구려와 후백제는 강해졌지요. 두 나라 중 하나가 한반도 통일의 주인공이 될 게 분명했어요.

그래, 결정했어!

913년에 궁예는 나를 후고구려에서 가장 높은 장수로 임명했어요. 하지만 출세를 했어도 내 마음은 편치 않았어요. 바로 궁예 때문이었답니다.

후고구려의 힘이 강성해지자 궁예는 점점 교만하고 난폭해졌어요. 또 주변 사람들을 자주 의심했지요. 궁예의 눈 밖에 나면 언제 어디서 억울하게 죽을

지 모를 일이었어요.

　나는 궁예의 의심을 사지 않기 위해 항상 말과 행동을 조심했어요. 그리고 계급이 높아도 병사들에게 교만하게 굴지 않았어요. 병사들에게 호의와 배려를 베풀었지요. 그러자 많은 사람들이 나를 믿고 따르게 되었어요.

　918년, 나의 운명을 바꾸는 일이 일어났어요. 후고구려의 장수 네 사람이 궁예 몰래 나를 찾아왔어요. 바로 신숭겸, 홍유, 배현경, 복지겸이었습니다. 그들은 나에게 말했습니다.

　"난폭한 궁예가 있는 한 후고구려는 희망이 없습니다. 저희들은 왕건 장군님을 새 왕으로 모시려고 합니다. 부디 저희 뜻을 받아 주소서!"

　네 사람의 말에 나는 겁이 났어요. 궁예를 몰아내려는 시도가 실패로 끝난다면, 나는 반란죄로 죽을 게 뻔했거든요. 하지만 네 사람은 거듭해서 나에게 자신들의 뜻을 받아 달라고 했어요.

　이때 나의 아내가 말없이 휘장 뒤에서 나오더니 나에게 갑옷을 건넸어요. 망설이지 말고 나가서 궁예와 싸우라는 뜻이었지요. 나는 아내의 응원에 용기를 얻었고 큰 결단을 내렸어요.

　"좋소. 나 왕건은 그대들과 행동을 함께하겠소!"

　나는 즉시 네 명의 장수와 병사들을 이끌고 궁궐로 쳐들어갔어요. 결과는 어떻게 되었을까요? 승부는 싱거울 정도로 일찌감치 판가름 났어요. 자신이 쫓겨나리라 예상하지 못한 궁예는 급히 궁궐 밖으로 도망쳤다가 논밭에서 비참하게 죽고 말았답니다.

　나는 궁예의 죽음으로부터 소중한 교훈을 얻었어요. 지도자는 교만해서는 안 된다. 무조건 힘으로 다스려서도 안 된다. 백성의 믿음을 잃는 것은 한순

간일지어다.

918년 6월 15일 나는 궁예 대신 새로운 왕으로 즉위했습니다.

왕위에 오르며 난 다짐했습니다.

'힘이 아닌 덕으로 다스리자.'

나는 새 나라의 이름을 고려라고 정했어요. 고구려를 계승한 나라라는 뜻이 담긴 이름이었지요. 건국 이듬해에는 고려의 수도를 철원에서 나의 고향인 개경(오늘날 북한의 개성)으로 옮겼어요.

왕이 된 나는 행복했을까요? 그렇지마는 않았어요. 행복한 날보다 고민하는 날들이 훨씬 많았어요. 나의 판단과 행동 하나하나에 고려의 운명이 달려 있었기 때문에, 나는 더 깊이 생각하고 지혜롭게 행동해야 했지요.

나의 첫 목표는 한반도 통일이었어요. 하지만 당시 고려는 통일의 주인공이 되기에는 아직 힘이 부족했어요. 두 가지 이유 때문이었습니다.

첫째는 호족 문제였어요. 내가 고려를 세웠을 때 각 지방에는 호족이 많았어요. 이 호족들을 내 편으로 만들지 않는다면 한반도 통일은 힘든 상황이었어요.

두 번째 난관은 후백제였어요. 후백제는 고려보다 강한 군사력을 가지고 있었기 때문에 후백제의 편에 선 호족들이 많았어요.

하지만 나는 통일을 서두르지 않았습니다. 고려의 힘을 키우는 것이 우선이었기 때문에 성급하게 다른 국가, 호족들과 전투를 벌일 수 없었어요. 그 대신 다른 방법으로 고려의 힘을 키워 나갔어요.

싸우지 않고 승리한다! 그게 어떻게 가능하냐고요?

🟦 안 싸우고 이기는 법

나는 전투 대신 호족들과 평화로운 관계를 맺어 그들을 내 편으로 만들었어요. 여러 호족의 딸들과 결혼하여 호족과 가족이 되었지요. 여러 아내를 두는 게 이상하다고요? 지금과 달리 당시에는 남편이 여러 아내를 두는 게 흠이 되지 않았답니다.

더불어 나는 또 다른 경쟁 국가인 신라와 좋은 관계를 유지했어요. 비록 고려보다 약한 나라였지만 나는 신라의 왕을 얕보지 않고 존중했어요. 후백제

의 공격에 자주 시달렸던 신라는 점점 나와 고려에 호감을 가지게 되었지요.

하지만 최대 경쟁국 후백제와는 평화로운 관계를 이어 나가기 힘들었어요. 화합은커녕 고려와 후백제 사이에 크고 작은 전투가 끊임없이 벌어졌지요. 때로는 고려가 이기고 때로는 후백제가 이겼어요.

싸움이 계속되던 927년 어느 날, 신라의 병사가 고려에 와서 깜짝 놀랄 만한 보고를 했어요.

"견훤이 군대를 이끌고 신라의 수도 경주로 쳐들어오고 있사옵니다!"

후백제가 신라의 여러 지역을 공격한 적은 있어도 수도인 경주를 공격한 적은 없었습니다. 만약 후백제가 경주를 정복한다면 고려는 세력 경쟁에서 크게 밀릴 수 있는 상황이었어요. 신중하더라도 때로는 신속하게 행동해야 할 때가 있어요.

"후백제의 경주 정복을 막아야 한다. 내가 친히 군대를 이끌고 신라를 구하러 갈 것이다. 모두들 나를 따르라!"

나는 보고를 받자마자 장수들과 함께 경주로 향했어요. 하지만 내가 경주 근처에 이르기도 전에 이미 후백제가 경주를 정복하고 말았어요. 아쉽게도 나의 계획은 한발 늦었습니다. 견훤은 신라의 경애왕을 죽음으로 내몰고, 경순왕을 왕위에 새로 앉혔습니다.

나는 장수에게 물었습니다.

"견훤은 지금 경주에 있는가?"

"우리 고려 군대가 온다는 소식에 후백제 땅으로 되돌아가는 중이옵니다."

"옳거니, 당장 후백제 군대를 추격하라!"

고려 군대는 내 명령에 따라 경주 서쪽으로 말 머리를 돌렸어요. 한참을 달려간 고려군은 달구벌(오늘날 대구) 근처에 도착했어요. 고려 군대는 달구벌을 둘러싼 팔공산의 산굽이를 돌아가던 중 행진을 멈추었어요. 드디어 후백제 군대와 맞닥뜨린 겁니다.

곧 두 군대 사이에 전투가 벌어졌어요. 과연 누가 승리했을까요?

죽느냐 사느냐

후백제 군사들이 칼과 창을 쳐들고 고려군 쪽으로 파도처럼 밀려왔어요. 후백제의 한발 앞선 공격에 고려 군사들은 당황했지요.

나는 말 위에서 칼을 휘두르며 크게 외쳤습니다.

"물러나지 마라! 김낙 장군 부대가 선두에 서서 공격을 막아라!"

김낙 장군과 군사들은 내 명령에 따라 앞으로 치고 나갔어요. 그러나 후백제군의 공격에 고려의 선발 부대는 점점 밀려났어요.

그때, 전투를 지휘하던 김낙 장군이 칼을 맞고 말에서 떨어졌습니다. 김낙 장군이 쓰러지자 선발 부대는 우왕좌왕했어요. 후백제 군사들이 그 틈을 노리고 고려 선발 부대를 뚫고 내가 있는 쪽까지 쳐들어왔어요.

어느새 5천여 명 고려군은 절반으로 줄어들었지요. 이대로 전투를 계속한다면 고려가 질 게 분명했어요. 나의 목숨 또한 위태로웠어요.

이때 부하 장수인 신숭겸이 나에게 달려와 말했습니다.

"당장 여기서 피하셔야 합니다."

"내 병사들을 두고 어찌 도망친단 말인가?"

역사 궁금증

궁금이 : 견훤과 궁예가 세운 나라 이름이 왜 후백제, 후고구려였어요?

왕건 : 원래 후백제는 '백제', 후고구려도 '고구려'였어. 훗날 《삼국사기》 같은 역사책에서 삼국 시대의 백제, 고구려와 구분하게 위해 나라 이름 앞에 '후'자를 붙였고 그 이름이 지금까지 전해지고 있는 거란다.
그리고 견훤과 궁예는 각각 백제와 고구려의 역사를 이어 갈 생각으로 나라를 건국했잖니? 옛 백제, 고구려 땅에 살던 사람들로부터 지지를 받으려는 목적도 있었던 거야.

궁금이 : 왕건님도 호족들의 지지를 받기 위해 호족의 딸들과 결혼하셨죠?

왕건 : 하하, 맞아. 하지만 나는 그 방법 이외에도 호족이 고려를 배신할 수 없는 대책을 만들어 놓았단다. 바로 기인 제도, 사심관 제도지.
기인 제도는 호족의 자식, 동생들을 개경의 관리로 머물게 한 제도야. 자신의 가족이 왕 가까이에서 일하니 호족들이 허튼짓을 할 수 있겠니? 어찌 보면 호족들은 왕실과 연결되는 고리가 생긴 셈이니 서로 혜택을 주고받은 거라 볼 수 있지.
사심관 제도는 호족들에게 사심관이라는 벼슬을 내려 자신이 머무는 지방의 일을 살펴보게끔 만든 제도란다. 만약 지방에서 반역 같은 문제가 발생하면, 사심관이 그 일을 함께 책임지게 했지.

"폐하의 목숨에 고려의 앞날이 달려 있습니다."

내가 머뭇거리는 사이 신숭겸이 나를 말에서 끌어 내렸어요. 그러고는 내가 쓴 투구와 갑옷을 벗겼지요.

"지금 뭐 하는 짓이냐?"

"제가 폐하인 척 위장을 해 적을 속이겠습니다. 그사이에 얼른 피하소서!"

신숭겸은 내 투구와 갑옷을 입은 뒤 말에 올라탔어요. 이대로 신숭겸을 두고 떠나도 될지 잠시 동안 고민에 빠졌어요. 하지만 자신의 목숨을 내놓을 정도로 고려는 소중한 존재구나, 하는 생각이 들었습니다.

나는 후퇴하기 전 다시 한번 뒤를 돌아보았어요. 내가 신숭겸을 본 건 그때가 마지막이었습니다.

며칠 후 나는 기진맥진하여 개경으로 돌아왔어요. 경주에서 살아 돌아온 고려군은 수백 명에 불과했어요.

공산 전투 후유증은 오래갔어요. 기세가 오른 후백제는 연이어 고려 땅을 침범했고 고려는 번번이 지고 말았습니다. 그래도 나는 좌절하지 않았어요. 꾸준히 군사력을 기르며 후백제를 노릴 반격의 기회를 기다렸지요.

그리고 930년, 드디어 기회가 찾아왔습니다.

신라에 위치한 고창(오늘날 안동)은 고려와 후백제 모두가 노리고 있는 군사적으로 무척 중요한 지역이었어요. 그런데 이 해에 견훤이 직접 병사들을 이끌고 고창으로 쳐들어온 것입니다.

나는 공산 전투의 패배를 설욕하리라 다짐했어요. 직접 군사들을 이끌고 곧장 고창으로 내려갔지요.

930년, 고려는 낙동강 근처 병산 땅에서 후백제 군대와 부딪쳤어요. 전투는 며칠 동안 접전을 벌었어요. 그때 마침 좋은 일이 일어났어요. 고창의 성주 김선평과 호족 권행, 장정필 그리고 고창 주민 모두가 고려에 도움의 손길을 보냈어요. 이로써 고려 병사는 크게 늘어났고 사기도 한껏 올랐습니다.

하늘 높이 치솟던 후백제의 기세는 점차 고려에게 밀리기 시작했고, 고려는 많은 이들이 함께해 준 덕분에 크게 승리할 수 있었어요. 견훤은 약 8천 명의 병사를 잃고 허겁지겁 후퇴했지요.

🔷 40년 만에 이룬 통일

고창 전투 승리는 고려의 삼국 통일에 큰 전환점이 되었어요. 고창 전투 이후 명주(오늘날 강릉)부터 흥례부(오늘날 울산)까지 곳곳에 살고 있는 호족들이 연이어 고려에 항복했어요. 호족들이 다스리던 땅은 저절로 고려 땅이 되었지요.

게다가 신라 지역의 호족들도 고려 편에 서면서 신라의 힘은 더 약해졌어요. 이때 힘으로 밀어붙인다면 손쉽게 신라를 정복할 수 있을 정도였어요.

하지만 나는 그러지 않았습니다. 대신에 신라와 동맹을 맺었지요. 나는 경순왕에게 후백제가 신라를 공격하는 일이 생기면 도와주겠다고 약속했어요. 그러자 경순왕은 더욱더 나를 따르게 되었습니다.

고창 전투 이후에도 고려와 후백제는 몇 번 더 전투를 벌였어요. 쓰라린 패배를 맛보았던 공산 전투와는 달리, 고려는 전투마다 연거푸 승리했어요. 하지만 후백제의 군사력은 여전히 강했기 때문에 고려는 후백제를 완전히 정복하지 못했지요.

그런데 935년 후백제에서 견훤이 왕위에서 쫓겨난 놀라운 일이 일어났어요. 견훤에게는 10명의 아들이 있었어요. 고대부터 왕들은 나이가 들면 아들들 중에서 자기 뒤를 이어 나라를 다스릴 태자를 골랐어요. 대개 태자는 첫 아들로 선정했지요. 그런데 견훤은 넷째 아들 금강을 태자로 정했어요.

큰아들 신검은 이 조치에 반발했어요. 일부 신하들도 신검 편에 섰어요. 결국 신검 세력은 935년에 반란을 일으켜 견훤을 왕 자리에서 끌어내렸고, 그를 금산사라는 절에 가두었어요.

지도층의 분열은 나라의 힘을 단번에 약하게 만듭니다. 후백제도 이 사건으로 인해 나라가 휘청거렸어요. 얼마 후 견훤은 혼란스러운 틈을 타 금산사에서 탈출했어요. 그는 나주로 도망친 뒤 고려에 항복 의사를 밝혔어요.

과거에 견훤은 나의 가장 큰 적이었습니다. 하지만 나는 견훤을 따뜻하게 맞았어요. 그에게 벼슬과 편히 살 집도 주었지요.

그해에 비슷한 일이 또 일어났어요. 신라 경순왕이 고려에 직접 신하들을 이끌고 와 항복을 했어요. 그동안 신라에게 행했던 너그러운 정책이 결실을 본 것이지요. 이로써 기원전 57년 박혁거세가 세운 신라는 약 1천 년의 역사를 끝내고 과거 속으로 사라졌습니다.

나는 견훤에게 대했던 것처럼 경순왕도 극진하게 대접했어요. 그에게 사심관 벼슬을 주어 경주의 일을 도맡아 보게 했지요. 또 그의 딸을 내 아내로 맞기도 했어요.

승리 중에서 가장 좋은 승리는 싸우지 않고 이기는 겁니다. 나는 호족들을 지혜롭게 상대해서 내 편으로 만들었어요. 견훤과 경순왕의 항복 또한 피 한 방울 흘리지 않고 거둔 승리였지요.

이제 남은 것은 신검이 이끄는 후백제뿐이었어요. 이때는 군사 동원이 필요했어요. 혼란스러운 삼국을 통일할 수 있는 절호의 기회였거든요. 936년, 나는 약 10만 명의 병사를 이끌고 후백제 정벌에 나섰습니다.

걱정과 달리 신검은 아버지 견훤만큼 용맹한 지도자가 아니었어요. 경상북도 일선에서 벌어진 전투에서 그는 고려의 맹공격에 맥없이 물러났지요. 신검은 후백제 땅으로 도망친 뒤 얼마 안 가 고려에 항복했어요. 이로써 고려는 한반도를 완전히 통일할 수 있었습니다.

   나는 견훤, 경순왕과 마찬가지로 신검의 목숨도 살려 주었습니다. 만약 내가 신검을 죽였다면 후백제 백성 중에 나를 원망하는 사람이 있었을 겁니다. 이 모든 것은 나라의 화합을 위한 선택이었지요.

   나는 896년에 아버지 손에 이끌려 후고구려 궁예의 부하 장교가 되었습니다. 그리고 936년에 마침내 후백제의 항복을 받아냈으니, 삼국을 통일하는 데 무려 40년이 걸렸어요.

   내가 세운 고려는 이로부터 475년의 긴 역사를 이어가게 된답니다. 이후 고려는 어떻게 성장해 나갔을까요?

고려의 수도 개경은 어떤 모습이었을까?

수도는 국가의 중앙 정부가 있는 도시를 뜻하는 말이에요. 지금과 달리 왕이 다스리던 옛날에는 왕이 사는 궁궐이 위치한 도시가 수도였지요.

삼국을 통일한 고려의 첫 수도는 철원이었어요. 이듬해 왕건은 자신이 태어난 송악으로 수도를 옮기고 이름도 개경으로 바꾸었어요. 개경은 오늘날 북한 땅에 있고, 현재 이름은 개성이랍니다.

왕건은 개경 송악산 남쪽 기슭에 궁궐을 짓고 나라를 다스렸어요. 궁궐에서 가장 중요한 장소는 왕이 신하들과 나랏일을 의논하는 곳이었어요. 이런 건물을 '정전'이라고 하는데, 고려 궁궐 정전의 이름은 '회경전'이었어요.

개경의 궁궐은 왕실을 보호하기 위해 두 개의 성으로 둘러싸여 있었어요. 안쪽에는 '궁성'이 있었고, 바깥쪽에는 '황성'이 있었어요. 성마다 동서남북으로 출입문이 있었는데, 이중 왕이 출입하는 가장 큰 문을 '정문'이라 불렀어요. 궁성의 정문은 남쪽으로 난 승평문, 황성의 정문은 동쪽으로 난 광화문이었어요.

오늘날 대한민국 정부에 경제, 국방, 외교 등 각 분야를 책임진 관청이 있는 것처럼, 고려 시대에도 나랏일을 하는 주요 관청이 6개가 있었어요. 이를 '6부'라고 했는데, 6

부 건물은 광화문에서 동쪽으로 향하는 거리에 자리하고 있었답니다.

왕건이 개경을 고려 수도로 정한 후, 궁궐을 중심으로 남쪽과 북쪽을 연결하는 남북대로, 동쪽과 서쪽을 연결하는 동서대로 등 큰 두 개의 도로가 건설되었어요. 이 중심 도로 일대에는 주요 관청 이외에도 시장이 쭉 늘어섰어요. 일반 백성들의 물물 교환 장터뿐만 아니라, 나라에서 운영하는 시장인 '시전'도 있었답니다.

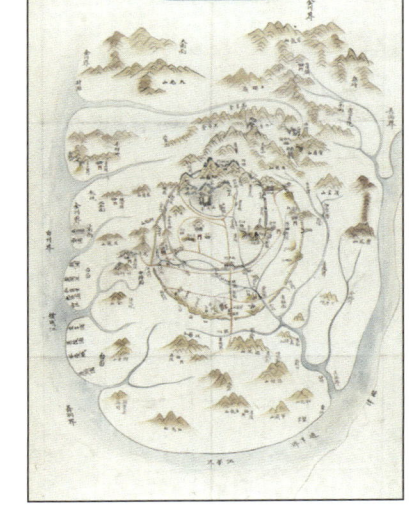

개성전도

개경 상권이 형성되면서 개경의 인구도 점점 늘어났어요. 고려 중기쯤 개경은 약 10만 가구에, 총 30만 명이 넘는 사람들이 사는 도시가 되었다고 해요.

고려는 훗날 외적의 침입을 여러 번 받았어요. 이 때문에 개경의 모습도 자주 바뀌었지요. 궁궐이 불에 타는 일이 수차례 일어나 몇 번이고 복구 작업을 거쳤어요. 또한 더 이상 개경에 피해가 없도록 개경을 둘러싼 '개성 나성'을 만들었어요. 개성 나성은 고려 제8대 왕인 현종 때, 거란의 침입을 막기 위해 세워졌어요. 이 성벽의 총 길이는 약 23km나 된답니다.

고려의 수도 개경의 구조는 훗날 조선의 수도 한양을 건설할 때 큰 영향을 주었어요. 그 결과 한양에는 경복궁을 중심으로 광화문이라는 정문이 건설되었고, 그 앞에 정부의 일을 하는 관청들이 줄지어 세워졌어요. 그뿐만 아니라 개성 나성처럼 한양을 둘러싼 한양 도성도 만들어졌답니다.

2장

광종이 들려주는 고려 성장 이야기

광종
925~975(생애) 949~975(재위)
고려 제4대 왕

신중한 마음으로 고려 왕권을 강화했다!

"반갑습니다. 나는 고려의 제4대 왕 광종입니다.
나는 고려의 성장을 위해 기초적인 틀을 마련하고 허약한 왕권을 강화했어요.
하지만 이 모든 것이 단번에 이루어진 건 아니랍니다.
나는 서두르지 않고 차근차근 고려를 안정된 나라로 만들어 나갔어요."

고려 초기의 성장 연표

- 949년 광종, 제4대 왕위에 오르다
- 956년 광종, 노비안검법을 만들다 
- 958년 광종, 과거 제도를 시행하다
- 960년 광종, 관복을 법으로 통일하다
- 976년 경종, 토지 분배 정책 전시과 제도를 실시하다 
- 983년 성종, 전국에 12개의 목을 설치, 지방 제도를 정리하다 
- 992년 성종, 국립 최고 교육 기관인 국자감을 세우다

더보기 광종은 왕권을 튼튼히 하고 나라를 바로잡기 위해 힘썼다고 해요. 우리나라 최초로 시험을 치러 인재를 뽑는 과거 제도를 시행했고, 계급별로 신하들의 관복 색상을 나누기도 했어요. 과연 광종은 누구와 함께 왕권을 키웠을까요?

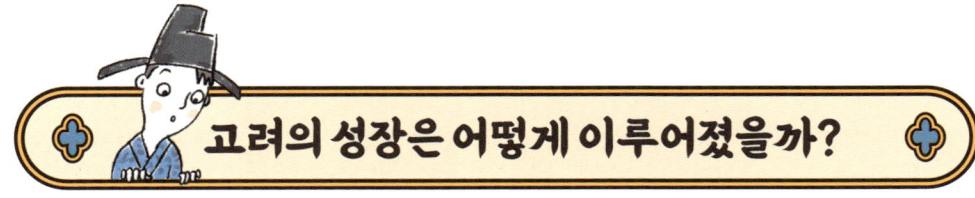
고려의 성장은 어떻게 이루어졌을까?

　나 광종은 925년 왕건과 신명순성왕태후에게서 태어났어요. 태조에게는 29명의 아내가 있었어요. 그리고 그 사이에 25명의 아들이 있었는데 그중 첫째 아들, 혜종이 왕위를 물려받았지요.

　제2대 왕 혜종은 나와 어머니가 다른 형제였습니다. 혜종이 왕이 된 후 왕의 힘은 태조 때보다 약해졌어요. 태조와 결혼한 수많은 호족 가문들이 왕위를 차지하려고 다투었기 때문이지요.

　그중, 나의 어머니 집안은 충주 유 씨 가문으로 막강한 호족 세력이었어요. 외가에서는 혜종을 몰아내고 충주 유 씨 출신 왕자를 새 왕으로 앉히려고 했어요. 혜종은 언제 어떻게 쫓겨날지 모른다는 불안감에 떨다가 결국 병을 얻어 죽고 말았습니다.

　945년, 충주 유 씨 집안 출신의 왕자가 고려 제3대 왕 정종이 되었어요. 나의 형이기도 한 정종은 충주 유 씨 집안의 지원 덕분에 혜종보다는 편안하게 나라를 다스릴 수 있었어요. 하지만 949년 병을 앓다 이른 나이에 죽고 말았지요. 정종은 죽기 전 친동생인 내게 왕위를 물려준다는 유언을 남겼어요.

형의 뒤를 이어 왕이 된 나는 기쁜 마음보다 걱정이 앞섰답니다. 왕의 힘보다 호족 세력이 훨씬 강했거든요.

나는 호족들의 꼭두각시로 살고 싶지 않았어요. 그리고 오랫동안 품었던 꿈을 꼭 이루고 싶었어요. 그 꿈을 한마디로 정리하면 이렇습니다.

'고려를 나라다운 나라로 만드는 것!'

신중한 왕, 단단한 나라!

제3대 왕 정종이 죽었을 때 고려는 나라다운 나라가 아니었어요. 나라의 법과 제도는 제대로 갖춰지지 않은 상태였어요. 그 탓에 호족들이 제멋대로 날뛰어서 지방을 다스리기 어려웠어요. 정세가 불안한 상황일수록 나는 이렇게 결심했습니다.

'신중하자! 차근차근 힘을 키우자!'

신중한 자세는 서두르지 않으며 침착하고 조심스럽게 행동하는 걸 뜻하지요. 돌이켜 보면 태조 왕건이 삼국을 통일할 수 있었던 이유도 신중에 신중을 더했기 때문입니다. 나는 수많은 호족을 자기편으로 만든 왕건처럼, 호족들을 적대적으로 대하지 않고 서로 좋은 관계를 유지하려고 노력했어요.

먼저 시간이 날 때마다 좋은 나라를 만들기 위해 공부도 했어요. 지도력을 키우고 지혜롭고 현명한 왕이 되고자 《정관정요》라는 책을 읽고 또 읽었어요. 이 책은 중국 당나라의 통치 방향을 담아 통치자에게 필독서로 꼽히는

책 중 하나였어요. 그리고 중국의 후주라는 나라와 외교 관계를 활발하게 이어 가며 대내외적으로 나의 지위를 견고히 지켰어요. 백성은 점차 나를 좋은 왕으로 받들었고 호족 중에서도 나의 능력을 인정하는 사람이 하나둘씩 늘어났어요. 나는 왕으로서 가져야 할 실력과 힘을 차근차근 길러 나갔지요.

하지만 한 가지 아쉬운 점이 있었어요. 나와 함께 고려를 나라다운 나라로 만들 인재가 부족했어요. 신하 중에도 괜찮은 인물이 있기는 했지만, 상당수가 호족 세력과 친한 사이였습니다. 내가 믿고 의지할 수 있는 사람을 찾기 어려웠지요.

그러던 중, 956년 중국 후주에서 고려로 사신을 보냈어요. 사신 일행 중에 눈에 띄는 한 사람이 있었어요. 바로 쌍기였지요. 그는 후주의 왕이 개혁 정책을 추진할 때 앞장서 도움을 준 인물이었어요.

어느 날 나는 몸이 아파 쉬고 있는 그를 내 방으로 불렀습니다.

"너를 따로 부른 것은 남다른 뜻이 있기 때문이니라. 고려는 갓 걸음마를 뗀 아기 같은 나라다. 호족의 힘에 비해 왕권이 약하니 과감한 개혁 정책을 추진하기 힘들다. 어찌 좋은 방법이 없을까?"

"방법은 많사옵니다."

"많다고? 어떤 방법이냐?"

"당장 두 가지를 생각해볼 수 있습니다. 첫째, 법을 바꿔 호족의 힘을 약하게 만들어야 합니다. 둘째, 호족을 대신해서 나라를 이끌 새로운 세력을 키워야 합니다."

그날 나는 쌍기와 밤늦게까지 이야기를 나누었어요.

"며칠 후에 일행이 돌아간다지? 너도 가야 할 터인데, 난 너를 보내기 싫다. 고려에 남아 나를 도울 순 없느냐?"

"왕의 뜻이 간절하니 어찌 거절할 수 있겠습니까? 하지만 제가 고려에 계속 머물려면 사신 우두머리가 납득할 만한 핑계가 필요합니다. 그에게 이렇게 말씀하시면 될 것 같습니다……."

후주 사신이 돌아가기로 한 날, 나는 사신 우두머리에게 쌍기와 미리 계획했던 말을 했습니다.

"쌍기라는 자가 병을 얻어 거동이 불편하다고 들었다. 쌍기는 병이 나을 때까지 고려에 머물렀으면 한다."

 억울한 노비를 해방하라!

사실 쌍기는 이미 병이 나은 상태였어요. 고려에 남기 위한 핑계를 만든 것이지요.

"왕의 뜻대로 쌍기를 두고 떠나겠나이다."

사신 일행이 떠난 후 나는 쌍기를 불렀습니다.

"자! 이제 호족의 힘을 약하게 할 방법을 말해 보아라."

"호족의 힘이 강한 가장 큰 이유는 그들에게 많은 노비가 있기 때문입니다. 호족은 노비들을 자기의 병사로 부리는 것은 물론이거니와 강제로 노동력을 착취하고 있습니다. 노비가 많은 호족일수록 군사력은 더 강해지고 재산 또한 불어나지요."

쌍기의 지적은 정확했습니다.

"호족의 세력을 약하게 만들려면 그들이 거느린 노비 수를 줄여야 합니다. 신라, 후백제가 망하던 시기에 양인 신분에서 노비 신분으로 전락한 사람이 많다고 들었습니다. 억울하게 노비가 된 그들의 신분을 원래대로 되돌려 주어야 합니다."

"하지만 호족들이 반발하지 않을까?"

"당연히 반발하겠지요. 그러나 신분이 해방된 노비들은 왕을 지지할 것이며 노비들과 친척인 백성들 또한 환영할 테지요. 백성으로부터 지지를 받는다면 호족들도 감히 왕에게 대들지 못할 것입니다."

956년 나는 쌍기의 건의를 따라 신하들이 모인 자리에서 선포했습니다.

"과거 고려가 통일을 위해 전쟁을 벌였을 때 많은 사람이 포로가 되었다. 그

리고 현재 이들 중 상당수가 노비 신분이다. 짐은 늘 그들의 처지가 안타까웠노라. 지금부터 억울하게 노비가 된 사람들을 해방하겠노라!"

　노비의 신분을 양인의 신분으로 되돌려주는 이 법을 '노비안검법'이라고 합니다. 쌍기가 예상한 대로 백성 대부분은 노비안검법을 환영했고, 호족 세력은 반대 목소리를 냈어요. 내 조치에 불만을 가진 호족들이 다 같이 힘을 모아 반란을 일으킬 수도 있었습니다.

　나는 두려울 때마다 다짐했습니다.

　'두려워 말자. 백성을 진심으로 위하는 정책을 추진하면 백성은 분명 나를 믿고 따를 것이다. 백성의 지지만 잃지 않으면 호족도 감히 나를 건드리지 못할 것이다.'

　어느 날, 쌍기가 나에게 말했습니다.

　"다행히 노비안검법이 잘 정착된 것 같습니다. 이제 고려를 나라다운 나라로 만들 수 있는 두 번째 정책을 추진할 때가 되었다고 생각합니다."

　"두 번째 정책이라! 그게 무엇이냐?"

인재들이여, 고려를 위해 일합시다!

　"왕과 함께 고려 발전을 이끌어 갈 인재를 뽑는 것이옵니다. 현재 호족과 가까운 관계인 신하들이 많습니다. 이런 신하들은 권력의 변화에 따라 얼마든지 왕을 멀리할 수 있습니다. 그러므로 한시라도 빨리 왕에게만 충성을 바칠 새로운 인재들을 발탁해야 합니다."

"옳거니, 하지만 문제는 방법이다. 인재를 어떻게 뽑아야 할까?"
"관리 선발 시험을 실시하면 되옵니다. 저희 중국에서는 고대 수나라 시대부터 인재 발탁을 위한 시험이 있었습니다. '과거'라고 하는데 그 제도는 왕권을 강화하는 데 도움을 주는 것은 물론, 고려의 규율을 세울 때에도 큰 도움이 될 것입니다."
"처음 실시하는 제도라서 간단하지 않을 터인데?"
"걱정 마옵소서. 저는 후주에서 과거 시험을 관리하는 벼슬을 한 적이 있나이다."

나는 경험이 많은 쌍기를 믿고, 그에게 '지공거'라는 새로운 관직을 내렸습니다. 그리고 958년 고려 내 최초로 과거 제도의 실시를 명령했지요.

양인 이상의 신분이라면 누구나 제도에 응할 수 있었고, 과거에 합격한 이는 훗날 높은 벼슬에 오를 수 있도록 했어요. 그러자 전국 각지에서 과거 바람이 불었어요. 똑똑한 젊은이들이 과거 합격을 목표로 공부를 시작했지요.

최초로 과거 합격자를 뽑던 날, 나는 직접 현장에 나가 그들의 합격을 축하했습니다. 합격자들은 감격한 얼굴로 고려를 위해 열심히 일할 것을 다짐했지요. 나 또한 고려의 성장을 이끌 인재를 얻었다고 생각하니 마음이 든든했습니다.

958년 이후 고려에서는 2년에 한 번씩 과거를 실시했습니다. 쌍기는 첫 시행 이후에도 여러 번 지공거를 맡으며 인재들을 선발했어요. 과거 제도는 고려 백성들에게 평등한 기회를 주었지요. 덕분에 고려 백성들은 배움에 대한 열망이 점차 높아졌습니다.

역사 궁금증

 궁금이 : 광종님, 과거에서는 어떤 시험을 봤어요?

 광종 : 고려 시대에는 문과, 잡과, 승과 세 분야의 시험이 있었단다. 이중 가장 중요한 분야는 관료를 뽑는 문과였어. 문과에 합격한 사람은 낮은 벼슬부터 시작해 순조롭게 출세하면 계급 높은 신하가 될 수 있었지.
문과는 총 두 과의 시험을 통과해야 했어. 작문 능력과 국가의 정책에 대한 의견을 묻는 시험 '제술과'가 있었어. 또 하나는 '명경과'로 유학 책을 얼마나 잘 이해하고 있는지를 묻는 시험이었단다.
잡과는 의사, 천문학자 등 전문 분야의 기술자를 뽑는 시험이고, 승과는 우수한 승려를 뽑는 시험이란다.

 궁금이 : 그럼 과거에 낙제하면 벼슬을 받지 못했나요?

 광종 : 다른 방법이 하나 있었지. 바로 '음서' 제도를 통해 관료가 되는 방법이야. 이 제도는 높은 벼슬을 가진 신하의 자식들에게 특별히 벼슬자리를 주는 제도였어. 소수의 젊은이들이 이 제도 덕분에 벼슬을 얻었단다.

 궁금이 : 음서 제도로 벼슬을 얻은 사람들은 요즘 말로 치면 '금수저'네요. 아무래도 불공정한걸요?

 광종 : 그렇지. 하지만 고려는 귀족 사회이기 때문에 어쩔 수 없었다는 걸 이해해 주렴. 대신, 음서 제도로 벼슬에 오른 이들이라 하더라도 더 중대한 자리에 오르고 싶으면 꼭 시험을 봐야 했단다.

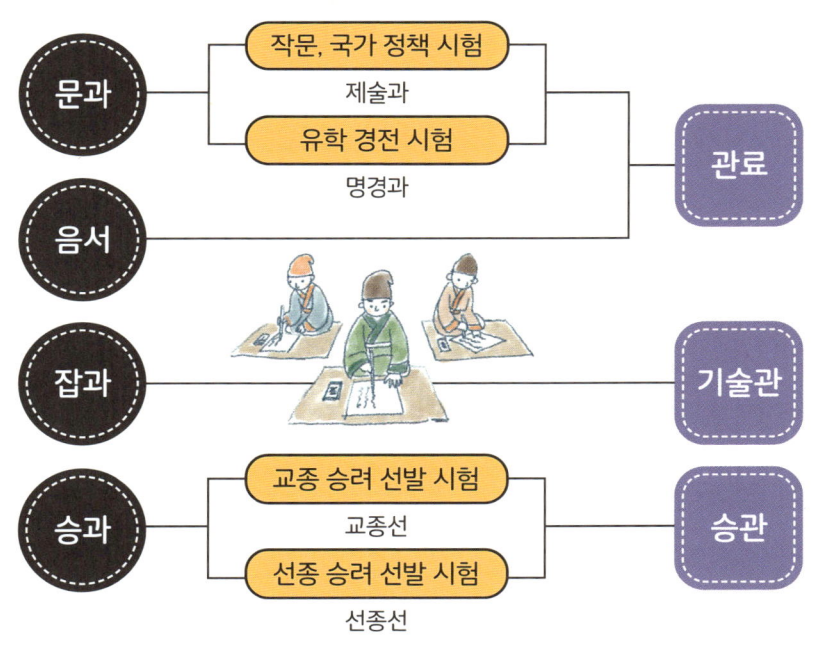

🔷 나의 꿈은 이루어졌노라!

과거 합격자가 점점 늘어나면서 과거 출신 신하들은 호족 세력을 능가하는 새로운 정치 세력이 되었어요. 자연스럽게 호족의 힘은 약해졌지요.

위기감을 느낀 호족들은 불만을 터뜨리기도 했습니다. 내가 왕위에 올랐을 때만 해도 호족의 분위기가 좋지 않으면, 관계를 좋게 풀어 나가려고 애를 썼어요.

그러나 이제는 사정이 달라졌습니다. 노비안검법과 과거 제도의 실시로 왕의 힘은 몰라보게 세졌어요. 나는 불만을 표시하는 호족에게 엄벌을 내려 왕권을 더욱 강화했어요. 그 덕에 나는 더 효과적으로 고려를 성장시키는 정책을 추진할 수 있었답니다.

나는 본격적으로 고려를 나라다운 나라로 만드는 일을 시작했습니다. 왕권이 확립되기 전까지는 신하마다 제각각 다른 옷을 입고 있었어요. 심지어 왕보다 더 화려한 관복을 입은 이들도 있었지요. 고려 조정에서 위계질서라고는 좀처럼 찾아볼 수가 없었어요.

960년, 나는 신하들의 계급에 따라 관복의 색상을 다르게 하는 관복 제정을 실시했습니다. 자색(자주색), 단색(붉은색), 비색(주황색), 녹색 등 계급별로 관리들의 관복 색상을 구분했어요. 관리들의 복장을 정하자 질서가 확립됨과 동시에 나라의 기강이 서게 되었습니다.

그리고 잘못된 법과 제도를 바로잡았습니다. 감옥에 갇힌 사람 중 죄가 가벼운 자는 풀어 주었고 이후 그들이 고려의 백성으로 열심히 살아갈 수 있는 기회를 주었습니다. 또한 고려 내부뿐만 아니라 중국의 다양한 나라와 활발한 외교 활동을 이어 나갔어요. 숱한 외교 문제들도 원만하게 처리해 전쟁의 가능성을 사전에 막았습니다.

  이 같은 정책으로 고려는 점차 안정을 찾아갔어요. 정치가 안정되니 백성들의 삶이 편안해졌지요. 백성들이 걱정 없이 농사를 지을 수 있으니 경제도 덩달아 좋아졌어요.

  그러나 975년 나는 그해 여름 갑자기 병에 걸리고 말았습니다. 살날이 얼마 남지 않았지만 후회는 없었어요. 재위 26년 동안 고려를 나라다운 나라로 만들겠다던 소중한 꿈을 이루었으니까요.

고려의 역사 속으로!

불교문화를 꽃피운 고려

인도에서 유래된 불교는 삼국 시대에 중국을 거쳐 우리나라에 들어왔어요. 삼국 중 고구려에 가장 먼저 들어왔고, 이어서 백제와 신라에도 전파가 되었답니다.

불교가 전파되기 전에도 사람들은 다양한 신앙을 믿었어요. 하늘, 산, 강 같은 자연을 받드는가 하면, 인간이 대적하기 힘든 큰 동물을 우러러보기도 했지요. 불교는 이런 신앙과 비교하면 사상과 이론이 좀 더 분명했어요. 통일 신라 시대에 이르러 불교는 크게 발전했어요. 오늘날 널리 알려진 불국사 같은 불교 문화재는 대부분 통일 신라 시대에 세워졌지요.

고려 시대에 불교는 더욱 성행하여 고려의 종교라고 불릴 정도였어요. 태조는 삼국 통일은 모두 부처의 도움 덕분이라며 불교를 적극 장려했어요. 그는 세상을 떠나기 전 〈훈요십조〉라는 열 가지 유언을 남겼어요. 그중에는 연등회와 팔관회 같은 불교 행사를 성대하게 열라는 내용도 담겨 있답니다. 고려의 왕들은 태조가 남긴 이 전통을 잘 이어받았어요. 광종이 과거에 스님을 선발하는 승과 시험을 둔 것만 보아도 알 수 있지요.

이처럼 불교를 향한 신앙심이 점점 깊어지면서 고려 각지에 호국 불교 사상이 널리

합천 해인사 장경판전, 국보 제52호
조선 시대에 팔만대장경을 보관하기 위해 지어진 건물이에요.

퍼졌어요. 이는 불교를 굳게 믿음으로써 나라와 왕실의 평안을 지켜 낼 수 있다는 사상이었어요. 그뿐만 아니라 고려는 나라에서 큰돈을 들여 나무판에 불경(부처님과 훌륭한 스님들이 남긴 가르침)을 새기기도 했어요.

이 시기에 만든 목판 불경 중 아직까지 남아 있는 것이 있으니, 바로 현재 유네스코 세계 기록 유산으로 지정된 '팔만대장경'이에요. 팔만대장경이라는 이름은 불경을 새긴 목판의 숫자가 약 8만 장에 가깝기 때문에 붙은 이름이에요. 팔만대장경은 1236년부터 1251년까지 16년 동안 작업하여 완성되었다고 해요. 현재 팔만대장경은 경상남도 합천에 있는 해인사라는 절에 있어요.

관촉사 석조 미륵보살 입상, 국보 제323호

팔만대장경 이외에도 고려 시대의 불교 진흥은 후손들에게 많은 불교 문화재를 남겨 주었어요. 충청남도 논산에 위치한 절 관촉사에도 고려 시대에 만들어진 불상이 있어요. 바로 '석조 미륵보살 입상'인데 높이가 무려 18m나 된답니다.

하지만 불교가 고려 역사에 긍정적인 점만 있었던 것은 아니에요. 고려 후기에 이르러서 일부 귀족과 절이 지나치게 많은 토지를 소유하여 나라 경제를 어지럽게 했어요. 이러한 경제적 혼란은 고려의 힘을 점점 약하게 하는 하나의 원인이 되었답니다.

47

3장

강감찬이 들려주는 고려와 거란 전쟁 이야기

# 강감찬
948(정종 3)~1031(현종 22)
문신 출신 장군

고려는 숱한 지혜로 거란을 상대했다!

"안녕하십니까, 나는 고려의 장군 강감찬입니다.
거란은 여러 이유를 들어 고려에 3번이나 침입했습니다.
그중, 나는 거란의 3차 침입 때 활약했어요.
고려가 거란의 공격에 맞서 싸운
생생한 역사를 지금부터 들려주지요."

고려와 거란의 전쟁 연표

- 981년 성종, 제6대 왕위에 오르다
- 983년 강감찬, 문과 장원 급제하다
- 993년 거란, 고려에 1차 침입하다
  서희, 강동 6주 획득하다
- 997년 목종, 제7대 왕위에 오르다
- 1009년 강조, 목종을 쫓아내다
  현종, 제8대 왕위에 오르다
- 1010년 거란, 고려에 2차 침입하다  
- 1011년 양규, 흥화진에서 거란을 물리치다
- 1018년 거란, 고려에 3차 침입하다
- 1019년 강감찬, 귀주에서 거란을 물리치다(귀주 대첩)

> **더보기**
> 강감찬은 고려의 위기를 지혜롭게 해결한 영웅이에요. 고려와 거란의 지역 구조를 현명하게 활용해 거란 군대를 크게 물리쳤다고 해요. 고려에는 강감찬뿐 아니라 전쟁에서 활약한 사람이 많다는데, 과연 어떤 분들일까요?

고려와 거란은 왜 전쟁을 벌였을까?

　광종이 죽은 지 20여 년이 흐른 후 고려에 큰 위기가 닥쳤습니다. 중국 북쪽 지역에 살던 유목민 거란족이 고려에 쳐들어왔거든요. 고려가 생긴 이래 처음 겪은 큰 전쟁이었어요. 과연 고려는 이 위기를 어떻게 이겨 냈을까요?

　우선 전쟁의 원인을 파악하려면 당시 고려 주변 나라의 상황을 알 필요가 있어요. 907년 중국 당나라가 멸망하자 중국 곳곳에서 여러 나라가 생겨났어요. 그중 거란족은 중국의 여러 부족들을 통합해 916년에 거란국을 세웠어요. 거란은 926년에 발해를 멸망시키고 중국 전역으로 점점 세력을 넓혀갔어요. 946년에는 나라의 이름을 요라고 바꾸었지요.

　그리고 960년, 중국에서 새로운 변화가 일어났습니다. 쌍기의 고향 후주에서 조광윤이라는 장군이 송나라를 새로 세웠어요.

　고려는 송나라와 외교 관계를 맺고 친하게 지냈어요. 그에 반해 발해를 멸망시킨 거란과는 외교 관계를 맺지 않았습니다. 거란은 고려를 탐탁하게 여기지 않았어요. 그리고 993년 거란은 고려를 위협하며 1차 전쟁을 시작했지요.

소손녕을 총사령관으로 한 80만 명의 거란 군대는 순식간에 압록강을 넘어 서경(오늘날 북한의 평양) 북쪽에 있는 봉산성을 공격했어요. 거란군은 봉산성에 머물면서 고려를 향해 항복하라며 계속 협박했어요.

소손녕은 우왕좌왕하는 고려에 편지를 보냈습니다.

'고려의 북쪽 땅은 과거 고구려 땅이었다. 우리 거란은 고구려의 후손들이 세운 나라인 발해를 정복했다. 그러니 너희 고려의 북쪽 땅도 마땅히 우리 거란이 차지해야 한다. 게다가 우리 거란의 힘이 막강함에도 불구하고 예를 갖추지 않으니 답답하기 그지없다. 고려는 하루빨리 항복하라.'

발해가 고구려의 후손들이 세운 나라인 것은 맞습니다. 하지만 거란이 발해를 정복했다는 이유만으로 이미 고려의 땅인 곳을 양보하라는 것은 얼토당토않았지요.

이에 성종은 신하들과 긴급회의를 가졌어요. 몇몇 신하가 의견을 냈습니다.

"거란의 요구대로 북쪽 땅 일부를 넘겨주는 것이 좋을 듯합니다. 요구에 따르지 않으면 고려가 망할 수 있사옵니다."

이때 한 신하가 일어나 반대 목소리를 냈습니다.

"항복은 절대 아니 되옵니다."

제가 가겠나이다!

입을 연 사람은 고려군의 부사령관인 서희였어요.

"싸워 보지도 않고 항복하는 것은 부끄러운 일입니다. 게다가 거란은 북쪽에 머물며 항복 요구만 할 뿐, 더 이상 남쪽으로 내려오지 않고 있습니다. 거란의 이러한 태도는 전쟁을 이어 갈 뜻이 없다는 것일 수 있습니다. 거란의 의도가 무엇인지 알기 위해 거란의 총사령관을 직접 만나 보는 게 좋을 듯하옵니다."

"음, 서희 말이 일리가 있구나. 그럼 누가 소손녕을 만나 볼 테냐?"

성종의 말에 어느 신하도 선뜻 나서지 않았어요. 거란의 진영에 가서 무슨 일을 당할지 모르기 때문이었지요.

모두가 망설이던 때 서희가 말했습니다.

"제가 가겠나이다."

서희는 자기가 말을 먼저 꺼냈으니 스스로 책임을 져야 한다고 생각했어요. 성종은 서희를 거란 군대가 머무는 진영으로 보냈어요.

거란 진영에 도착한 서희는 소손녕에게 말했습니다.

"우리 고려는 한 번도 거란 땅을 침략하지 않았거늘, 어찌하여 거란은 고려의 평화를 위협하오?"

"우리 거란 군대가 고려에 온 이유는 두 가지요. 첫째, 고려는 신라 땅에서 일어난 나라 아니오? 고구려 땅에서 일어난 발해를 우리가 정복하였으니, 옛 고구려 땅을 돌려받으려고 온 것이오. 둘째, 고려가 우리 거란과는 외교 관계를 맺지 않고 송나라하고만 관계를 유지하고 있어 이유를 따지기 위해 왔소."

서희는 지혜로운 사람이었어요. 그는 소손녕의 말을

들은 후 거란이 침략한 진짜 이유를 알았지요.

'소손녕이 말한 이유 중에서 핵심은 두 번째다. 거란이 진짜 노리는 것은 고려가 아니라 송나라이다. 거란은 고려와 송나라의 외교 관계를 끊어 송나라 공격을 좀 더 쉽게 해 보려는 것이다. 그것을 빌미 삼아 소손녕이 고려를 침략한 게 틀림없다.'

서희는 소손녕을 설득하기 시작했어요.

"장군이 말한 두 가지 이유는 모두 오해입니다. 고려는 고구려를 이어받은 나라입니다. 나라 이름을 고려라고 한 것만 보아도 알 수 있지요. 고구려의 수도였던 서경 또한 현재 우리 고려에 위치했습니다. 그러므로 고려에게 옛 고구려 땅을 내놓으라는 건 무리한 요구입니다.

두 번째, 고려는 거란과 외교 관계를 맺기를 바랍니다. 문제는 거란과 고려 사이에 있는 여진족입니다. 거란에 사신을 보내려고 해도 압록강 유역을 점령한 여진 때문에 가기 어렵습니다. 고려는 여진을 몰아낸 후 거란에 사신을 보내겠습니다."

"알겠소. 가장 중요한 건 하루빨리 송나라와 외교 관계를 끊는 것이오."

소손녕의 말에 서희는 예상이 적중했음을 알았어요.

"좋습니다. 거란과 외교 관계를 맺는 문제는 왕의 허락을 꼭 받도록 하겠습니다."

서희의 말을 들은 소손녕은 거란 왕에게

병사를 보내 고려의 뜻을 전했어요. 거란 왕은 소손녕에게 고려 땅에서 후퇴하라는 명령을 내렸어요. 이로써 큰 전쟁으로 번질 뻔했던 거란의 1차 공격은 서희의 용기와 지혜 덕분에 큰 피해 없이 끝날 수 있었어요.

서희가 여진을 핑계로 거란 군대를 몰아낸 후, 고려는 또 하나의 소득을 얻었어요. 994년, 고려와 거란 사이에 있던 여진족을 몰아내고 그곳에 6개의 성과 마을을 건설했어요. 이 지역을 '강동 6주'라고 하는데, 강동 6주 덕분에 압록강 유역까지 영토가 더 넓어졌지요. 이어 고려는 거란에 사신을 보내 약속대로 외교 관계를 맺었어요.

이것을 마지막으로 거란의 위협이 사라졌다면 얼마나 좋았을까요? 하지만 안타깝게도 모든 역사는 뜻대로 이뤄지지 않습니다. 거란은 1010년 또다시 고려를 침략했어요.

거란은 왜 다시 쳐들어왔을까요?

 시간은 고려 편이다!

거란의 1차 침략을 막아 낸 성종이 997년 병으로 죽고, 목종이 제7대 왕이 되었습니다. 나이 어린 목종이 왕이 되자 고려는 혼란에 빠졌어요.

목종의 어머니인 헌애왕태후가 왕 대신 실질적으로 나라를 다스렸어요. 헌애왕태후는 김치양이라는 신하를 좋아했어요. 둘 사이에서 태어난 아들을 목종보다 더 아꼈어요.

반면 목종은 결혼을 했지만 아들을 낳지 못했어요. 목종은 헌애왕태후와

역사 궁금증

궁금이 : 강동 6주가 정확히 어디인가요? 고려 땅이 어디까지 넓어졌는지 궁금해요!

강감찬 : 서희의 뛰어난 외교 능력으로 여진족이 거주하던 지역에 여섯 개의 성을 쌓았다고 했지? 강동 6주의 '강동'은 강의 동쪽으로, 압록강 동쪽 지역을 말한단다. '6주'는 여섯 개의 마을을 뜻하는데 바로 흥화진, 용주, 철주, 통주, 귀주, 곽주 지역이란다. 이곳은 여진도 몰아내고 거란도 막을 수 있는, 군사적으로 아주 중요한 곳이었지.

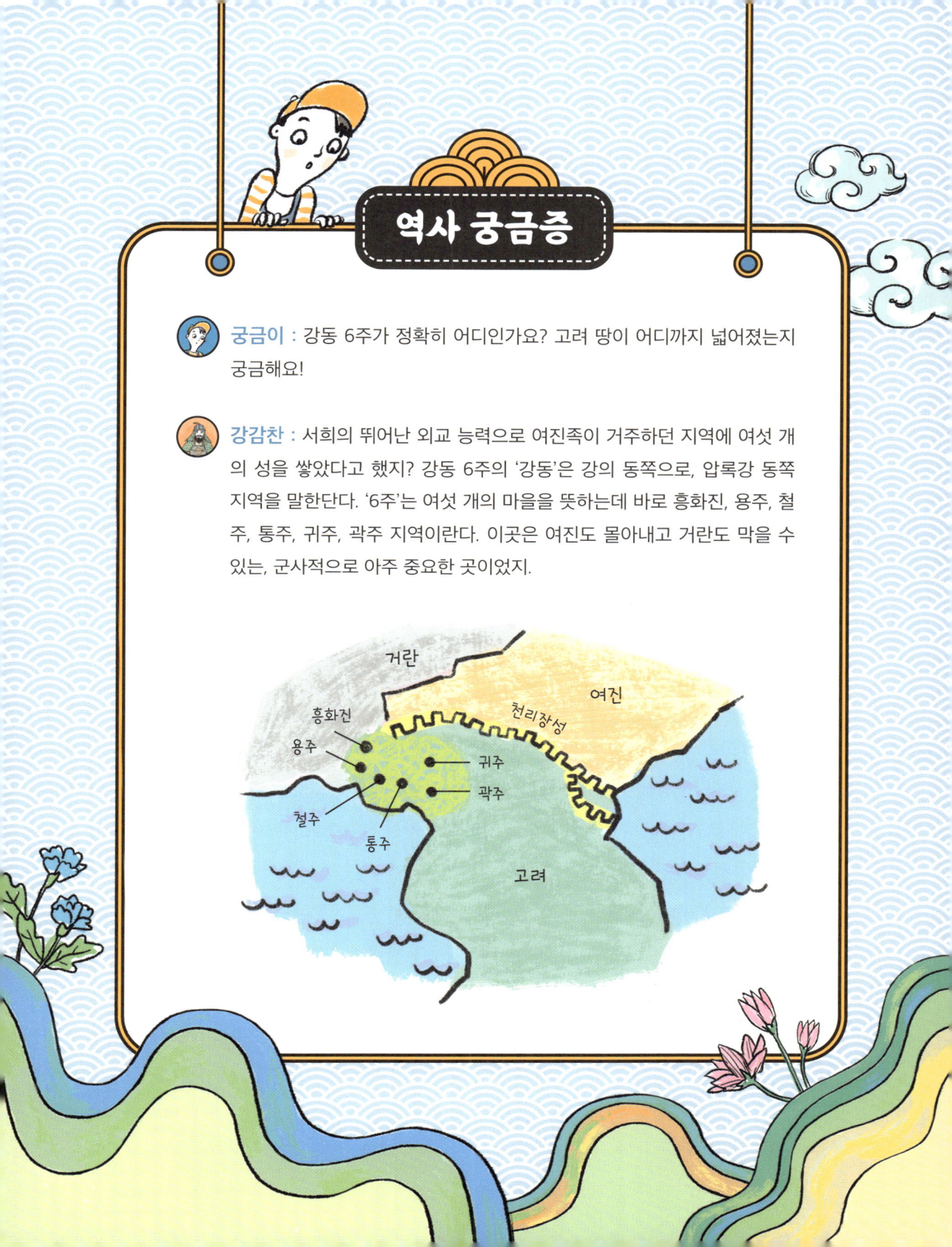

김치양 사이에 태어난 아들 때문에 왕위 유지에 불안감을 느꼈어요. 1009년 목종은 북쪽 국경을 지키는 장수인 강조에게 자신을 도와 달라는 서신을 보냈습니다. 그런데 강조는 헌애왕태후 세력을 몰아낸 뒤 목종까지 왕위에서 쫓아냈어요. 강조 세력은 제6대 왕 성종의 사촌 동생인 왕순을 새 왕으로 추대했어요. 그가 고려 제8대 왕인 현종입니다.

이 무렵 거란은 다시 고려를 침략할 계획을 꾸미고 있었어요. 고려가 획득한 강동 6주가 전략적 요충지로 훌륭한 곳임을 알게 되었거든요. 문제는 전쟁을 일으킬 핑계가 없다는 점이었어요. 1차 전쟁 때 거란과 고려는 평화 협정을 맺었기 때문이지요.

이때 거란과 고려 사이에 있는 여진족이 거란의 귀를 솔깃하게 하는 소식을 전해 주었어요. 고려의 강조라는 장군이 반란을 일으켜 목종을 몰아내고 새 왕을 앉혔다는 소식이었습니다.

1010년, 거란은 고려에 사신을 보내 따졌어요. 반란을 일으킨 강조는 대역죄인이니 군사를 일으켜 그에게 직접 죄를 물어야겠다고 했지요. 게다가 압록강 국경 지역에 있는 강동 6주를 다시 내놓으라고 요구했습니다.

고려가 별다른 응답이 없자 거란 왕은 기다렸다는 듯이 약 40만 명 병사들을 직접 이끌고 압록강을 건너 고려 땅으로 쳐들어왔어요. 고려와 거란의 2차 전쟁이 시작되었지요.

거란과 고려 군대는 서경 북쪽에 있는 흥화진, 통주 등 여러 지역에서 맞붙었어요. 고려는 거란의 공격을 잘 막아 내는 듯했지만 끝내 거란의 반격에 패하고 말았답니다. 결국 총사령관 강조는 포로가 되어 처형을 당했지요.

거란 군대는 남쪽까지 군대를 보내 계속 고려를 위협했어요. 겁을 먹은 신하들은 왕에게 항복하자고 거듭 말했습니다.

이때 나 강감찬은 개경의 궁궐에서 예부시랑이라는 벼슬을 하고 있었어요. 나는 1차 전쟁 때 서희의 주장처럼 섣부른 항복은 현명한 선택이 아니라고 생각했어요.

나는 왕 앞에 엎드려 간곡하게 말했습니다.

"폐하! 소신 강감찬은 항복을 반대하옵니다. 폐하께서 항복하는 즉시 고려는 거란을 섬겨야 하는 처지가 됩니다. 고려의 권위는 땅에 떨어질 것이며, 거란은 항복을 받아 낸 후에도 식량과 백성들을 내놓으라며 무리한 요구를 할 게 눈에 훤합니다. 폐하부터 농사짓는 백성까지 그 누구도 편한 날이 없을 것이옵니다."

"허나 개경까지 위험한데 다른 방법이 없지 않은가?"

"아니옵니다. 거란군은 현재 국경을 넘어와 여러 번 전투를 벌여 지친 상태입니다. 장기전으로 가면 우리 고려가 유리합니다. 부디 항복의 뜻을 거두어 주소서."

나의 간청에 현종은 마음을 바꾸었어요. 현종은 거란에 항복하지 않고 그 대신 개경을 떠나 전라도 나주로 피난을 떠났어요.

그로부터 며칠 후 거란군은 개경을 무너트렸어요. 외군의 침략으로 수도가 점령 당한 건 왕건이 고려를 세운 이래 처음 일어난 일이었어요.

그러나 내 예상대로 시간이 갈수록 고려가 더 유리해졌어요. 여러 번의 전투로 지친 거란은 수도를 정복했어도 막상 고려 왕의 항복은 받아 내지 못했거든요. 결국 거란은 후퇴를 결정했어요.

거란이 개경에서 후퇴하던 1011년 즈음, 거란군의 군사력은 많이 약해진 상태였어요. 그 틈을 노려 양규 장군이 이끄는 고려군은 반격을 시작했고 연거푸 승리를 거뒀지요. 거란이 고려에서 물러간 뒤에야 현종은 무사히 개경으로 돌아올 수 있었어요.

거란의 왕은 2차 전쟁에서 자존심에 상처를 입었습니다. 그는 화를 삭이지 못한 채 1012년 고려에 사신을 보냈어요. 사신이 들고 온 편지에는 이렇게 적혀 있었습니다.

'지난 전쟁에서 고려의 왕은 항복을 거부했다. 나는 다시 고려를 공격할 것이다. 전쟁이 두려운가? 그렇다면 고려의 왕은 거란에 와서 용서를 빌라!'

하지만 고려 왕 현종은 이 요구를 받아들이지 않았어요. 병이 들어서 거란에 갈 수가 없다는 내용의 편지만 거란에 보냈습니다.

1018년 거란은 10만 명의 군대를 이끌고 또다시 고려에 쳐들어왔습니다. 고려와 거란의 3차 전쟁이 일어나고 말았어요.

거란의 침략 소식을 들은 현종은 나를 궁궐로 불렀습니다.

"강감찬을 총사령관으로 임명하노라."

머리를 써라!

전쟁에서 군사 수가 많다고 늘 승리하는 건 아니에요. 좋은 작전을 짜면 적은 군사로도 승리할 수 있지요. 총사령관이 된 나는 부 사령관인 강민첨 장군과 함께 다음과 같은 작전 계획을 세웠어요.

첫째, 거란이 지나는 주요 길목에 고려군을 배치해 기습 공격을 퍼붓는 작전이었어요.

홍화진에는 큰 냇물이 있었습니다. 나는 이 냇물을 이용해 기습 공격을 하기로 했어요. 고려군은 큰 동아줄을 소가죽에 꿰어 냇물을 일시적으로 막았고, 거란이 냇가를 지나려 할 때 바로 소가죽을 찢었어요. 꽉 막혀 있던 냇물이 순식간에 큰 물살이 되어 쏟아졌습니다. 거란 군사들이 물에 빠져 허우적거리는 틈을 타 고려군은 기습 공격을 해 큰 승리를 거두었습니다.

고려군은 이 작전에 따라 거란 군대가 개경에 도착하기 전까지 여러 번 기습 공격을 퍼부으며 거란에 타격을 주었어요. 소손녕의 형이자 거란의 장군 소배압은 많은 병사를 잃었지만, 개성을 무너트리기 위해 계속 행군했어요.

둘째, 주민과 식량을 성안으로 옮기는 청야 작전입니다. 청야란 적이 이용하지 못하도록 땅 위의 농작물들을 깨끗하게 없애는 것을 뜻해요. 만약 거란이 어떤 도시를 공격할 때 그곳에 주민과 식량이 없다면 의욕이 떨어지겠지요. 나는 개성 등 고려 주요 도시에 청야 작전을 명령했습니다.

이번 작전도 효과를 톡톡히 보았어요. 거란은 개경에 도착하면 식량을 얻을 수 있을 것이라 생각했지만 백성들은 청야 작전에 따라 이미 식량을 개경 성안으로 옮겨 놓고, 피신한 상태였지요.

그제야 거란의 장군 소배압은 개경 정복이 불가능하다는 걸 깨닫고 후퇴 명령을 내렸어요. 고려의 국경을 넘은 지 약 3개월 만에 포기를 했어요.

나는 거란이 후퇴한다는 소식을 듣자마자 공격 명령을 내렸습니다.

"이제 거란에 마지막 타격을 줄 때다! 거란 군대를 뒤쫓아라!"

뒤를 쫓던 고려군은 귀주 벌판에서 소배압이 이끄는 거란군을 발견했어요. 고려군은 거란군을 향해 맹공격을 퍼부었어요.

전투의 결과는 고려의 대승리였습니다. 3개월 전 거란이 고려에 침입했을 때만 해도 거란 군사는 10만 명이었습니다. 그러나 귀주 전투에서 크게 패한 탓에 살아 돌아간 거란 군사는 수천 명 정도였어요.

고려와 거란 사이의 전쟁 중 3차 전쟁은 가장 큰 승리를 거두었어요. 이 전투는 큰 승리를 뜻하는 대첩의 명칭을 따 '귀주 대첩'이라고 부른답니다.
　고려는 귀주 대첩으로 어떤 나라도 쉽게 넘볼 수 없는 강대국이라는 사실을 증명했어요. 무엇보다 지도자와 한 몸이 되어 함께 싸워 준 이들 덕분에 고려는 오랫동안 평화의 시대를 보낼 수 있었지요.

강감찬이 태어난 낙성대

전쟁에서 크게 이기는 것을 대승 또는 대첩이라고 해요. 우리 민족의 역사에는 3대 대첩이라고 부르는 큰 승리가 있어요. 첫째, 삼국 시대에 고구려의 을지문덕 장군이 승리한 살수 대첩(612년)이에요. 살수는 오늘날 북한에 있는 청천강 지역으로, 이곳에서 중국 수나라를 크게 무찔렀어요. 둘째, 앞에서 살펴본 강감찬의 귀주 대첩(1019년)이에요. 귀주는 강동 6주 중 하나로 압록강 동쪽에 위치해요. 세 번째는 조선 시대에 이순신 장군의 한산도 대첩(1592년)입니다. 한산도는 오늘날 경남 통영 앞바다에 있는 섬으로, 이순신 장군은 한산도 근처 바다에서 왜구를 통쾌하게 물리쳤답니다.

이렇게 전쟁을 큰 승리로 이끈 장수는 영웅이 됩니다. 이들은 전쟁이 끝난 후는 물론, 긴 시간이 흐른 뒤에도 후손들에게 존경을 받는 인물이 되지요. 고려의 전쟁 영웅 강감찬도 거란을 크게 물리친 이후, 그가 태어난 지역까지 유명해졌어요. 그곳은 오늘날 서울시 관악구에 있는 '낙성대'예요.

낙성대를 뜻하는 한자를 우리말로 풀이하면 '별이 떨어진 자리'입니다. 낙성대는 강감찬이 이곳에서 태어날 때 하늘에서 별이 떨어졌다는 전설이 전해져서 붙은 이름이에요.

한 설화에 따르면 어느 날 밤 한 신하가 길을 가다가 큰 별이 어느 집에 떨어지는 것을 목격했다고 해요. 신하가 그 집을 찾아갔더니, 마침 그 집의 부인이 아기를 낳고 있었다지요. 그때 태어난 아기가 강감찬이었다고 합니다. 또 사람에게 해를 가하는 동물들을 손쉽게 해치웠다는 설화도 전해지고 있어요. 그가 경주에 부임해 지낼 때 동네 연못에서 개구리가 시끄럽게 울었다고 해요. 이에 강감찬이 부적을 써 신하에게 건네 연못에 던지라고 했지요. 그러자 놀랍게도 오랫동안 울던 개구리가 곧장 울음을 그쳤다고 해요. 그와 관련된 설화는 이외에도 60여 편 넘게 있어요. 그만큼 강감찬의 위엄이 얼마나 대단했는지 알 수 있답니다.

오늘날에도 강감찬은 여전히 존경 받는 위인이에요. 1974년 강감찬을 기념하는 사당인 안국사가 낙성대에 세워졌어요. 안국사 안에는 강감찬 장군의 영정(사람 얼굴을

안국사

낙성대 삼층 석탑

그린 족자)이 모셔져 있습니다. 안국사와 강감찬의 탄생을 기념하는 삼층 석탑 등을 중심으로 낙성대 공원이 조성되었어요. 공원 입구에는 말을 찬 채 칼을 빼들고 전투를 이끄는 강감찬의 기마 청동상이 사람들을 반겨 주고 있어요.

그리고 서울 관악구에서는 매년 10월마다 강감찬을 기념하는 축제를 열고 있어요. 축제에 방문하면 고려 영웅 강감찬의 호국 정신을 기리는 뜻깊은 기회가 될 거예요.

최충

984(성종 3)~1068(문종 22)
고려 문신

고려는 백성의 마음에 귀를 기울이며 성장했다!

"에헴, 나는 고려의 학자이자 신하인 최충입니다.
젊은 시절에 과거에 합격해 벼슬에 올랐고,
약 40여 년간 벼슬살이를 했어요.
벼슬에서 물러난 후에는 학교를 세워 인재를 키우기도 했지요.
내가 살았던 이 시기는 고려의 황금기였어요."

고려 전성기 연표

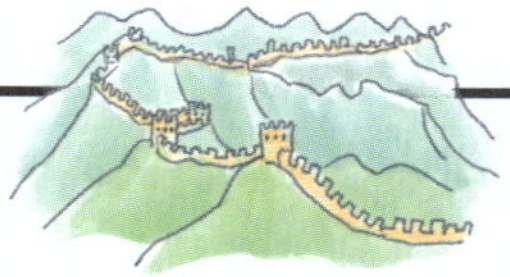

- 1044년 정종, 천리장성을 완성하다
- 1046년 문종, 제11대 왕위에 오르다
- 1050년 문종, 재면법, 답험손실법을 만들다 
- 1055년 최충, 구재 학당을 세우다
- 1062년 문종, 삼원신수법을 만들다 
- 1071년 고려, 송나라와 다시 외교를 맺다

더 보기

고려가 성장할 수 있던 가장 큰 요인은 왕들이 백성의 마음에 귀를 기울였기 때문이래요. 그 덕분에 최충도 우리나라 최초의 사립 학교인 구재 학당을 세울 수 있었다고 해요. 왕들과 신하들이 백성들과 어떻게 소통을 나누었을지 궁금한걸요?

고려는 어떤 전성기를 누렸을까?

역사를 살펴보면 어느 나라든 전성기가 있습니다. 고려는 나 최충이 신하로 활동했던 11세기가 황금기였어요.

나는 오랜 관직 생활 동안 수많은 왕을 만났어요. 운이 좋게도 올바른 지도자가 연이어 왕이 되었어요. 왕이 나라를 잘 다스리니 정치가 안정되었고, 경제와 문화도 자연스레 발전했지요.

제8대 왕 현종은 22년 동안 고려를 다스리며 거란의 2차, 3차 침입을 지혜롭게 막아 냈습니다. 그가 숨을 거둔 후, 1031년 현종의 맏아들인 덕종이 제9대 왕에 올랐지요. 덕종은 16살 나이에 왕이 되었지만, 국방을 강화해서 거란이 일체 고려 땅을 넘보지 못하게 했답니다.

그러나 얼마 후 덕종이 병으로 쓰러져, 1034년에 덕종의 동생 정종이 제10대 왕이 되었어요. 정종 때 고려는 거란과 평화 협정을 맺었습니다. 덕분에 이 시기부터 거란이 멸망할 때까지 두 나라 사이에는 전쟁이 일어나지 않았답니다.

그럼에도 정종은 국방을 게을리하지 않았어요. 정종은 국제 정세가 어떻게 변할지 모르니 항상 방어 태세를 갖추어야 된다고 생각했지요. 그래서 정종은 덕종 때 거란과 여진족을 막기 위해 고려 북쪽에 세웠던 관방을 더 연장해, 천리장성을 만들었어요.

천리장성은 성의 길이가 약 1천리(1리는 약 0.393km)라서 붙은 이름이에요. 1044년에 완성한 천리장성은 오랫동안 북방의 이민족을 막는 성벽이자 경계선으로 이용되었어요.

12년간 나라를 다스린 정종이 숨을 거두고 1046년, 문종이 제11대 왕이 되었습니다. 이 당시 나는 고려에서 꽤 높은 벼슬인 문하시랑평장사에 올랐어요. 계급이 높아진 만큼 책임감도 막중했지요. 이때 만난 문종은 여느 왕과는 조금 다른 면이 있었어요.

문종이 나랏일을 의논하는 건물인 대전에 들어오더니 용상(왕이 앉는 의자)을 물끄러미 바라보았어요. 용상은 왕의 권위를 높이기 위해 금과 은으로 화려하게 장식되어 있었어요.

이때 문종이 뜻밖의 말을 했습니다.

"나는 저 자리에 앉지 않겠소."

🔷 억울한 백성이 없어야 한다

나를 포함해 모든 신하가 문종의 말에 놀랐습니다. 내가 신하들을 대표해 말했습니다.

"폐하! 저곳은 폐하만이 앉으실 수 있는 귀한 자리이옵니다."

문종이 신하들을 둘러보며 말했습니다.

"훌륭한 왕은 사치를 멀리하고 검소함을 가까이해야 한다고 배웠소. 금과 은으로 장식한 자리에 앉는다고 왕의 권위가 높아지는 것은 아니요. 그러니 저 의자를 당장 바꾸시오."

문종의 말을 듣는 순간, 나도 몰래 입가에 미소가 번졌어요. 나는 속으로 생각했지요.

'왕이 스스로 검소하게 생활하겠다고 약속하다니 이 얼마나 흐뭇한 일이냐! 이러한 왕이라면 교만에 빠지지도 않고, 나랏일도 부지런히 할 것이다.'

신하들은 문종의 명령에 따라 용상의 장식을 구리와 철로 바꾸고, 침구 또한 소박한 것으로 바꾸었어요.

그뿐만이 아니에요. 문종은 나라에서 해마다 성대하게 여는 윤경회(경전을 여러 사람이 함께 읽는 법회)를 금지했어요. 각 지방에서 향리들이 윤경회를 빌미로 백성들에게 재물을 거두며 잔치를 벌인 탓에 본래의 신앙적인 의미가 변질되었거든요.

이처럼 검소한 모습으로 왕의 역할을 시작한 문종은 또 하나 장점이 있었습니다. 신하들과 꾸준히 소통하기 위해 노력했다는 점이에요.

소통은 지도자에게 반드시 필요한 것입니다. 문종은 고려에서 가장 큰 권력을 가진 사람이지만 함부로 권력을 휘두르지 않았어요. 중요한 결정을 할 때에는 반드시 신하들을 불러 의견을 물었지요.

문종이 즉위한 지 1년이 지났을 때 나는 고려에서 가장 높은 벼슬인 문하시중이 되었어요. 어느 날 문종이 나를 불렀습니다.

"우리 고려의 백성들은 모두 평안한가?"

"폐하의 은혜 덕분에 온 백성이 마음 편히 일을 할 수 있으니 어찌 평안하지 않겠사옵니까?"

"백성이 평안한 것이 어찌 나 때문이겠는가? 앞선 왕들이 나라를 잘 이끌어 전쟁이 없는 덕분이니라. 하지만 전쟁이 없다 해도 백성들은 마음을 놓을 수 없다. 홍수와 가뭄 등으로 농사를 망칠 수도 있으니, 농사짓는 백성에게 자연재해는 전쟁 못지않게 참혹한 일이다. 그러니 재해가 일어났을 때 농부들을 돕는 법을 만들도록 하라!"

이 명에 따라 고려 조정은 형법을 재정비했습니다. 1050년 '재면법'과 '답험손실법' 두 개의 법이 만들어졌어요. 재면법은 성종 때 처음 시행된 제도이지

최충이 들려주는 고려 전성기 이야기

만 문종 때 공식적으로 법제화되었지요. 자연재해로 피해 입은 면적에 따라 세금을 면제해 주는 법이었어요. 그리고 답험손실법은 지방의 호족들이 직접 피해 현장을 조사하여 피해 정도에 따라 세금을 조정하는 법이었지요.

이외에도 문종은 좋은 법을 많이 만들었습니다. 1062년에 만든 '삼원신수법'도 그런 법 중 하나였어요.

문종 이전까지는 중죄인(큰 죄를 지은 사람)을 조사하고 벌을 줄 때 재판관이 1명만 참여했습니다. 문종은 이 제도에 문제가 있다고 생각했어요. 재판관도 사람인지라 잘못된 판단을 할 수 있고, 죄인이 공정하지 않은 판결을 받을 수 있다고 생각한 거지요.

삼원신수법은 죄인을 심문할 때 3명 이상의 재판관이 참여하도록 한 제도예요. 이 법 덕분에 죄인을 심문하고 판결하는 과정을 좀 더 공정하게 할 수 있었습니다.

타인의 말에 귀를 기울이는 태도

문종은 대내외적으로 고려를 키우는 데 집중했어요. 그러다 보니 때로는 신하들과 정반대되는 의견도 냈습니다.

"고려는 오래전 거란의 압력을 받아 송나라와 외교 관계를 끊었다. 나는 고려의 문화와 기술이 발전하려면 송나라와 교류하는 것이 좋다고 생각한다. 탐라(오늘날 제주)와 영암군의 목재들로 큰 배를 제작해 송나라에 가 보면 어떻겠는가?"

나는 왕에게 내 소신을 말했습니다.

"폐하! 저는 반대하옵니다. 거란이 비록 과거보다 약하오나 아직 송나라보다 강한 군사력을 가지고 있습니다. 현재 고려는 송과 외교 관계를 맺지 않는다는 조건으로 거란과 평화 관계를 유지하고 있사옵니다. 만약 송나라와 외교를 튼다면 거란이 고려를 침범할 수 있사옵니다. 게다가 탐라는 땅이 척박한 탓에 백성들이 고기잡이로 하루를 근근이 살아가고 있습니다. 이러한 상황에 백성들을 동원한다면 원성이 자자할 것이 분명하옵니다."

훌륭한 지도자는 제멋대로 행동해서는 안 됩니다. 늘 자기 생각이 옳다는 착각에 빠져서도 안 됩니다.

문종은 오랜 고민 끝에 신하들의 생각이 옳다는 걸 인정했어요. 송나라의 문화와 기술을 받아들이는 것도 좋지만 그보다 나라의 평화가 더 중요하다는 걸 깨달은 거지요. 문종은 신하들의 뜻을 받아들여 자기 생각을 접었어요. 고려는 이후 1071년이 되어서야 송나라와 외교 관계를 맺었지요.

나는 좋은 왕을 모신 덕분에 어려움 없이 벼슬 생활을 할 수 있었습니다. 하지만 나는 아무리 높은 자리에 있더라도 물러날 때가 되면 망설임 없이 물러날 줄 알아야 한다고 생각했어요.

그래서 나는 벼슬에서 물러나 죽기 전에 꼭 하고 싶었던 일을 시도했어요. 바로 교육 사업이었습니다. 당시 고려에는 나라에서 세운 학교 '국자감'이 있었지만 이름만 거창할 뿐, 별다른 실속이 없는 기관이었어요. 나는 교육을 통해 백성들을 좋은 방향으로 인도하고 싶었어요.

나는 직접 내 재산으로 학교를 세웠어요. 학교 이름은 9개의 교실로 이루어져 있다고 해서 '구재 학당'이 되었습니다. 이 학교는 우리나라 역사에서 개인이 세운 최초의 사립 학교였어요.

　내가 학교를 세운 이후 개경에만 11개의 사립 학교가 더 생겼지요. 개경 거리를 걸으면 여기저기서 학생들이 글 읽는 소리를 들을 수 있었어요.

　정치가 안정되고, 학문이 발전했던 문종 시대! 그런데 문종 시대에는 이것 말고도 좋은 일이 또 있었답니다.

세계에 알려진 코리아

　오늘날 한국은 세계에서 '코리아'라고 불린다지요? 이 모두 문종 때에 이웃 나라와 활발한 교류가 있던 덕분입니다. 다양한 나라와의 상업적 교류는 고려 문화와 경제를 발전하는 데 큰 도움을 주었습니다.

　당시 고려에 방문한 외국 상인들 중에는 큰 키에 파란 눈동자, 우뚝 솟은 코를 가진 상인도 있었습니다. 나는 파란 눈을 가진 사람을 처음 본 날, 고려 상인에게 물었습니다.

"저 파란 눈의 상인들은 어디서 온 사람들이냐?"

"대식국 사람들이옵니다. 대식국은 중국 서쪽에 있는 나라로 사막과 초원이 많다고 하옵니다. 오래전부터 송나라와 대식국을 연결하는 길이 있사온데, 중국의 비단이 많이 수출된 길이라 하여 그 길을 비단길이라고 부른다지요."

"저들은 얼굴 모습이 송나라 사람과도 크게 다르구나."

"인종이 다르기 때문이옵니다. 우리 상인들은 대식국 상인들의 눈동자 색이 다르다고 하여 그들을 색목인이라고 부르옵니다."

역사 궁금증

궁금이 : 구재 학당이 인기를 끌자 새로운 학교가 연달아 11개나 생겼다고 하던데요. 그중에서도 구재 학당이 인기가 많았던 특별한 이유가 있나요?

최충 : 조금 쑥스럽지만 내 자랑을 좀 해 볼까나? 나는 벼슬살이를 하던 시기에 지공거라는 직위도 겸했었단다. 지공거는 과거 제도를 관리하는 시험관 같은 벼슬이야.
당시 고려에는 과거로 출세하고 싶은 사람들이 무척 많았단다. 그런데 지공거 출신인 내가 학교를 세웠다고 하니, 너도나도 할 것 없이 몰려들더구나. 시험 문제를 알려 주는 것도 아닌데 말이지!

궁금이 : 오 그렇군요! 아무래도 지공거 출신이라는 게 무시 못 할 이유였을 것 같아요. 우리 엄마도 명문대 출신 선생님이 있는 학원으로 보내려고 하거든요!

최충 : 하하, 고려 때나 지금이나 별다를 게 없구나? 그리고 구재 학당의 졸업생들이 과거에 많이 합격하기도 했단다. 그들이 선배가 되어 학생들을 가르친다고 하니 더더욱 문전성시를 이뤘지.
허나 다른 11개의 학교도 권위 있는 유신들이 설립한 곳이었단다. 그 때문에 국자감을 가고 싶어 하는 사람들이 점점 줄어들었지.

"오호라……. 그나저나 저들은 무엇을 사고파는고?"

"우리 고려에서 안 나는 진귀한 물건들을 팔지요. 코끼리 이빨인 상아, 음식에 감칠맛이 나게 하는 향료 등을 팝니다. 자기 나라로 돌아갈 때에는 고려 특산품인 도자기, 붓, 부채를 가져간답니다."

나는 대식국 상인들 이야기를 듣고 흐뭇했습니다. 상인들이 먼 길을 마다하지 않고 장사를 하러 오는 것은 고려가 그만큼의 가치가 있다는 증거였지요. 고려에는 돈벌이 수단이 되는 유익하고 품질 좋은 상품이 많았어요.

개경에서 만난 외국인은 대식국 상인만이 아니었어요. 송나라, 거란, 여진, 일본 상인도 있었습니다. 외국 상인들과의 교류가 활발할 수 있었던 건 바로 개경 가까이 위치한 벽란도 덕분이에요. 벽란도는 개경 서쪽에 가까이 위치한 항구로 많은 외국 상인들이 이곳을 통해 고려와 경제 및 문화적 교류를 맺을 수 있었답니다.

송나라, 일본 상인들은 대부분 바닷길을 통해 고려에 왔어요. 대식국 상인

들은 송나라 배를 타고 함께 왔어요. 송나라 항구에서 배를 타면 7~10일 만에 고려에 도착할 수 있었어요. 반면에 거란과 여진 상인들은 벽란도 대신 육지 길을 따라 개경으로 왔지요. 게다가 개경에는 외국 상인과 사신들을 위한 오빈관, 영은관 등 10여 개의 숙소도 있었어요. 덕분에 모두들 마음 편히 고려에 머무를 수 있었답니다.

정치, 경제, 문화가 두루 발전했던 고려 전성시대! 하지만 안타깝게도 전성기가 영원하지는 않았습니다.

고려의 역사 속으로!

우리나라 최초의 화폐가 나타났어요!

건원중보

오늘날 경제 활동에 꼭 필요한 것은 화폐예요. 화폐가 생기기 전, 우리 조상들은 물물 교환 방식으로 경제 활동을 했어요. 곡식이나 삼베 등 서로 필요한 물건을 교환하며 물건이 화폐 역할을 대신했지요.

하지만 물물 교환 방식은 불편한 점이 많았어요. 내가 가진 물건을 필요로 하는 사람을 직접 찾아다녀야 했고, 맞는 사람을 발견하더라도 가격에 대한 의견이 다를 수 있었지요. 고려는 이런 불편함을 해소하기 위해 우리 민족 역사에서 처음으로 통일된 규격의 거래 수단인 화폐를 만들었어요.

고려 최초의 화폐는 996년에 쇠로 만든 철전 '건원중보'예요. 철전은 철의 무게, 품질을 규격화한 화폐였어요. 고려 정부는 철전을 통해 물품 화폐의 기능을 바꾸려고 했지요. 수도 개경에서 장사를 하는 상인들은 철전을 사용해 거래를 시작했어요.

그러나 철전은 고려 전국 곳곳에서 유통되지 못했어요. 개경 같은 큰 도시에 살지 않는 이상 고려 백성은 대부분 농업, 어업에 종사했어요. 이들은 나라에서 만든 화폐보다 과거의 물물 교환 방식을 더 편하게 여겼어요. 이 때문에 철전은 화폐 구실을 제대로 하지 못했어요.

그럼에도 불구하고 고려 정부는 새로운 화폐를 만드는 정책을 포기하지 않았어요. 1102년에 만든 '해동통보'를 시작으로 '동국통보', '삼한통보', '해동중보' 등의 화폐를 꾸준히 만들었어요. 이 화폐는 모두 금속 재료로 만들어져 요즘의 동전과 비슷해 보이기도 해요. 고려 정부는 '보'자로 끝나는 화폐 이외에도 귀금속인 은으로 화폐를 만들기도 했어요. 1101년에 만든 이 화폐의 이름은 '은병'입니다. 은병은 한반도의 모양을 본떠서 만들었어요.

은병은 처음엔 널리 유통되는가 싶었지만 문제가 생겼어요. 은의 교환 가치가 컸던 만큼 일반 백성들이 사용하기 어려웠고, 목적과는 다르게 지배 계급의 뇌물로 쓰이곤 했어요. 게다가 품질이 나쁜 은으로 만든 위조 화폐가 몰래 유통되면서 화폐의 신용과 가치가 떨어졌지요.

화폐 정책의 연이은 실패에도 불구하고, 고려 정부는 꾸준히 화폐 제도를 개혁하려고 노력했어요. 그 결과 종이로 만든 최초의 화폐도 고려 시대에 생겼답니다. 고려 시대 말기인 1391년에 닥나무 껍질로 만든 종이돈인 '저화'를 발행했지만 기존 화폐들과 마찬가지로 제구실을 못했지요.

화폐가 널리 사용된 것은 조선 후기 때부터예요. 상업, 교통이 발전하여 화폐의 필요성이 좀 더 강조되었고, 보급 또한 훨씬 수월해졌어요. 그 결과 1678년 조선 정부에서 '상평통보'라는 동전 화폐를 만들었어요.

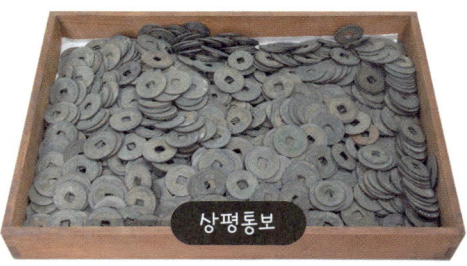
상평통보

조선 정부는 상평통보를 나라에서 인정하는 유일한 화폐로 지정했고, 이때부터 화폐를 사용하는 사람이 크게 늘어나기 시작했답니다.

5장

이규보가 들려주는 고려 쇠퇴 이야기

이규보

1168(의종 22)~1241(고종 28)
고려 문신·문인

"큼큼, 나는 고려의 문학가이자 신하인 이규보입니다.
우리나라에서 가장 오래된 문집인 《동국이상국집》을 내고
〈동명왕편〉이라는 장편 시를 썼지요.
속상하지만 지금부터 고려 쇠퇴 이야기를 들려주려고 합니다.
제 이야기에 귀 기울여 주세요."

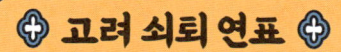
고려 쇠퇴 연표

- 1122년 인종, 제17대 왕위에 오르다
- 1126년 이자겸, 인종을 상대로 반란을 일으키다
- 1135년 묘청, 수도 천도를 요구하며 반란을 일으키다

- 1170년 정중부, 이의방 무신 정변을 일으키다
- 1176년 망이·망소이, 백성 반란을 일으키다
- 1179년 경대승, 정중부 세력을 몰아내다

- 1183년 이의민, 무신 정권의 새 지도자가 되다
- 1196년 최충헌, 명종을 쫓아내고 신종을 새 왕으로 만들다
  최 씨 정권의 막이 열리다
- 1198년 만적, 노비 반란을 일으키다

더 보기

전성기가 지나면 쇠퇴기가 찾아와요. 고려의 쇠퇴기에는 신하였던 무신과 문신들이 서로 권력을 갖기 위해 욕심을 부리고 다투었대요. 심지어 60년 가까이 독재 정치를 한 무신 집안도 있다는데, 도대체 어찌 된 일일까요?

# 고려는 왜 힘을 잃게 됐을까?

　전성기가 영원하다면 얼마나 좋을까요? 아쉽지만 활짝 피었다가 지는 꽃처럼 나라의 운명도 저무는 시기가 있기 마련입니다. 문종이 고려를 다스릴 때는 타국과의 활발한 교류 덕택에 큰 타격이 없었지요. 그러나 고려는 문종 시대 이후 조금씩 기울어졌어요.

　그러던 어느 날 고려를 위협한 큰 사건이 나라 밖에서 일어났습니다. 요(거란)가 약해진 틈을 타 고려 북쪽 땅에 살던 여진족이 고려를 압박했어요.

　1104년, 고려는 여진과 첫 전쟁을 벌였습니다. 여진은 막강한 기병(말을 타고 싸우는 병사) 부대를 이끌고 와 고려를 정복했어요. 당시 고려는 소총이 주 무기인 보병 부대가 대부분이었기 때문에 안타깝게 패하고 말았지요.

　고려는 복수를 다짐했어요. 고려군의 사령관 윤관은 여진에 맞설 특별 군대를 만들었어요. 기병, 보병, 승병으로 구성된 이 군대를 '별무반'이라고 불렀고, 군사 훈련도 착실히 했지요.

　1107년, 고려는 다시 여진에 맞섰어요. 첫 전쟁과 달리 윤관 부대는 당당히 여진을 무찌르고 여진 땅에 '동북 9성'이라는 9개의 성을 쌓았어요.

하지만 고려는 이 지역을 관리하는 데 어려움이 많았어요. 이곳은 수도 개경에서 거리가 멀었고 구역이 꽤 넓었거든요. 게다가 여진은 북쪽으로 쫓겨난 뒤에도 계속 동북 9성 지역을 공격했어요. 장기화되는 전쟁으로 피해 받는 백성이 계속 늘어나자 여진에 동북 9성을 돌려주는 것이 낫겠다는 의견이 하나둘씩 나왔어요. 결국 고려는 여진으로부터 고려 땅을 넘보지 않겠다는 약속을 받고 난 후, 9개의 성을 돌려주었지요.

고려가 흔들리기 시작한 것은 외세 침략뿐 아니라 내부에서도 큰 혼란이 일어났기 때문입니다. 1122년 예종의 아들인 인종이 제17대 왕으로 즉위했어요. 14살의 어린 왕이 왕위에 오르자 왕 대신 자신이 직접 권력을 휘두르겠다는 음흉한 생각을 품은 신하가 나타났어요.

허수아비 왕

이런 비뚤어진 생각을 한 사람은 인종의 외할아버지 이자겸이었어요. 그는 둘째 딸이 예종의 왕비가 된 덕분에 출세한 신하였어요.

이자겸은 자신의 지위가 올라가자 점차 욕심을 냈어요. 그는 자기의 셋째, 넷째 딸을 손자 인종에게 시집보냈어요.

지금으로서는 얼토당토않은 일이지만 고려 시대에는 친척 간의 결혼이 흔했거든요. 이자겸은 인종의 외할아버지 겸 장인이 된 후 더 막강한 권력을 가지게 되었어요. 왕이 살아 있는데도 불구하고 실질적으로는 이자겸이 나라를

다스리는 상황이 되고 말았답니다.

 인종은 자기를 꼭두각시로 만든 이자겸을 가만둘 수 없었어요. 1126년, 인종은 자신을 따르는 신하들과 함께 이자겸과 그의 부하 척준경을 몰아낼 계획을 세웠어요.

 그러나 이 계획은 금방 들통났어요. 이자겸은 인종이 자기 목을 노린다는 사실을 재빨리 알아차려 곧장 척준경에게 명령했습니다.

 "궁궐로 가 인종을 잡아 오라!"

 척준경은 병사들을 데리고 궁궐로 쳐들어갔어요. 그들은 궁궐을 포위하는 것도 모자라 불태우기까지 했지요. 이들은 인종을 협박해 다른 곳으로 거처를 옮기게 했어요. 이 사건을 '이자겸의 난'이라고 합니다.

죽을 위기에 빠진 인종은 이자겸에게 왕의 자리를 물려주려고 했어요. 하지만 이자겸은 반대 여론이 무서워 쉽사리 받아들이지 못했지요.
　대신 이자겸은 인종을 궁궐 근처에 위치한 자신의 집에 가두었고, 관리들은 인종이 아닌 이자겸에게 나랏일을 보고했지요. 이자겸은 겉으로는 신하 행세를 하면서 실제로는 고려의 왕 노릇을 한 거예요.
　다행히 이자겸의 독재 정치는 얼마 가지 않았어요. 인종이 척준경을 자기편으로 끌어들이는 데 성공하여 이자겸을 체포했거든요.
　그러나 인종이 이자겸을 몰아냈다는 안도감도 잠시, 1135년 고려는 다시 혼란에 빠지고 맙니다. 또 다른 반란 사건이 일어났기 때문이에요. 이 사건은 왕건이 고려를 세운 이래 일어난 최대 반란 사건이었답니다.

끝없는 권력 다툼

반란을 일으킨 주모자는 서경(오늘날 북한의 평양)의 지도자인 묘청이었어요. 그는 인종에게 풍수지리설을 거론하며, 고려의 궁궐이 불타고 이자겸의 난 같은 반란이 일어나는 근본적인 이유가 개경의 위치 때문이라고 했어요. 그러고는 나라가 번성하려면 곧장 개경에서 서경으로 수도를 옮겨야 한다고 했지요.

인종은 묘청의 의견에 따라 서경에 궁궐을 세우는 등 서경 천도의 뜻을 내보였어요. 하지만 궁궐이 완공된 이후에도 별다른 일은 일어나지 않았고, 오히려 벼락, 폭우 등 재난재해가 연거푸 일어났어요. 고려 조정에서도 서경 천도 반대 세력이 늘어나자 결국 인종은 계획을 포기했지요. 묘청은 자신의 계획이 뜻대로 이뤄지지 않자 서경의 군대를 모아 반란을 일으켰어요.

묘청의 반란은 1년간 계속되었습니다. 1136년이 되어서야 고려군은 서경을 정복하고 반란을 진압했어요. 반란 진압에 공을 세운 신하는 김부식으로 그는 훗날 삼국 시대의 역사를 기록한 《삼국사기》를 만들었어요.

고려는 이자겸과 묘청의 연이은 반란으로 힘이 쭉 빠졌습니다. 게다가 1146년 의종이 제18대 왕이 된 후 고려는 더 어려운 처지에 놓였어요. 의종은 나랏일은 나 몰라라 하고 허구한 날 신하들과 어울려 잔치를 벌였거든요.

왕의 행동에 불만을 가진 사람들이 하나둘 나타났습니다.

"왕은 하루가 멀다 하고 신하들과 잔치를 벌이는데, 우리 무신들은 잔치 자리에 끼지도 못한다. 왕이 우리를 홀대하니 문신들 또한 우리를 무시하지 않는가. 도대체 언제까지 참아야 하나?"

무신들은 문신들과 다르게 오랫동안 차별 대우를 받았어요. 높은 벼슬을 차지한 신하는 모두 과거에 합격한 문신들이었지요. 장교 출신의 무신들은 문신들처럼 높은 벼슬에 오르지 못했어요. 한 나라의 신하로 함께 일했음에도 불구하고 무신들은 불공평한 대우를 받기 일쑤였지요. 그뿐만 아니라 군대의 최고 통솔권조차 문신들에게 있었어요. 이런 차별 대우는 의종 시대에 더 심해졌어요.

그러다 1170년에 무신들의 불만이 폭발한 사건이 일어났어요. 의종이 잔치 자리를 지키던 무신들에게 수박(태권도와 비슷한 무술) 시범을 해 보라고 명령했어요. 무술 대결을 벌이던 중 한 장수가 넘어졌지요.

젊은 문신 한 명이 넘어진 장수에게 다가가 그의 뺨을 때리며 놀렸습니다.

"하하! 늙은 장수가 무슨 무술 시범이냐?"

이 장면을 본 왕과 다른 문신들이 깔깔 웃었어요. 장수들은 화가 나서 얼굴이 벌겋게 달아올랐어요. 타는 불에 기름을 끼얹는 격이었지요.

이날 왕을 호위하던 우두머리 장수는 정중부였어요. 그는 부하인 이의방과 이고를 몰래 불렀습니다.

"더 이상 참을 수가 없다. 잘 들어라. 오늘 밤……."

그날 밤, 의종은 잔치를 더 즐기기 위해 신하들을 이끌고 보현원이라는 유원지로 향했어요.

왕의 일행이 보현원 근처에 도착했을 때 정중부가 칼을 뽑고 소리쳤습니다.

"장수와 병사들이여, 칼을 들라!"

이날 밤 정중부와 이의방을 비롯한 무신들은 수십 명의 문신들을 죽였습니다. 그러나 왕의 목숨은 살려 두었지요. 이어 무신들은 개경으로 돌아가 궁궐을 점령했어요.

하룻밤 사이에 세상이 바뀌었어요. 문신들이 날뛰던 세상에서 무신들 세상으로 변한 겁니다. 무신들은 의종을 거제도로 내쫓고 왕의 동생 명종을 새 왕으로 앉혔어요.

무신들이 왕과 문신들을 몰아내고 권력을 잡은 이 사건을 '무신 정변'이라고 해요. 이 시기부터 무신 정권기가 시작되었습니다.

이제 고려의 앞날은 무신들의 손에 달려 있었어요. 아무 힘도 없는 백성들은 그저 무신들이 왕을 잘 모시고 나라를 잘 이끌기만 바랄 뿐이었어요.

하지만 무신이 집권한 지 얼마 안 되어, 무신 지도자들 사이에 1인자 자리를 차지하려는 권력 다툼이 일어났어요.

1171년, 권력이 욕심난 이고는 반란을 일으켜 이의방을 몰아내려고 했어요. 이를 눈치챈 이의방이 이고를 무찔렀지요. 그러나 이의방이 다시 권력을 제멋대로 휘두르자 정중부의 아들 정균이 이의방을 몰아냈어요. 이로써 정중부는 최고 권력자가 되었지만 그도 오래가지는 못했어요.

1179년 경대승이라는 젊은 장수가 반란을 일으켜 정중부 세력을 몰아냈거든요. 하지만 아쉽게도 경대승은 권력을 잡은 지 얼마 안 돼 병으로 죽고 말았습니다.

이런 반란 사건이 연이어 일어나는 동안에도 엄연히 왕은 있었어요. 하지만 무신 정권기에 고려의 왕은 자기주장 하나 펼칠 수 없는 신세였습니다. 무신들이 고려 조정 내부를 꽉 잡고 있었거든요.

명종은 무신 정권기를 끝낼 용기가 없었습니다. 경대승마저 죽자 또 다른 무신들이 반란을 일으킬까 겁이 났지요. 그는 이의민이라는 장수에게 자신을

보호해 달라고 부탁했어요.

　명종이 왕을 보호하는 명목으로 그를 공신(나라를 위해 특별히 공을 세운 신하)으로 책봉하자마자, 이의민은 권력에 눈이 멀고 말았어요. 이의민은 얼마 안 가 명종을 다시 꼭두각시 왕으로 만들고 최고 권력자가 되었어요. 그는 자기 아들들에게 큰 벼슬을 주는 등 권력을 마음대로 휘둘렀습니다. 고려의 정치는 다시 혼란에 빠졌지요.

　이처럼 지도자들이 권력 다툼을 일삼자 백성들의 불만은 점점 커졌습니다. 불만에 가득 찬 백성들은 나라 곳곳에서 저항 운동을 일으켰어요. 정부는 군대를 보내 간신히 백성들의 저항 운동을 진압했지만, 온갖 반란과 저항 운동

역사 궁금증

 궁금이 : 무신들뿐만 아니라 백성들도 반란을 일으켰다고요? 그 당시 무슨 일이 있었던 거예요?

 이규보 : 백성들이 일으킨 것은 반란이라기 보다 저항 운동이라고 할 수 있지. 그래서 이런 사건을 '민란'이라고 부른단다. 처음 일어난 민란은 1176년에 일어났던 '망이·망소이의 난'이야. 이 당시 고려의 특수 행정 구역은 향, 소, 부곡, 장, 처 등 다섯 개로 나뉘었어.
그중 '소' 구역은 나라에 필요한 종이나 숯 등을 만드는 곳이었어. 그런데 무신들이 소 지역을 차별하는 정책을 실시한 거야. 소 주민들을 소 구역 안에서만 살게 했고 세금도 다른 곳보다 더 많이 걷었던 거지. 그 결과 공주의 '명학소'에서 망이, 망소이라는 사람이 그곳 주민들을 이끌고 차별을 없애라며 저항 운동을 일으켰단다.

 궁금이 : 망 씨 성을 가진 사람도 있군요! 그나저나 성공은 한 거예요?

 이규보 : 실패했단다. 고려는 처음에 명학소를 '현'으로 바꿔 주겠다고 했어. 현은 특수 행정 구역보다 더 높은 대우를 받는 곳이었거든.
하지만 농민들은 더 큰 혜택을 원했던 나머지, 계속 저항 운동을 이어갔단다. 결국 고려 정부는 군대를 동원하여 민란을 진압했어. 구역의 명칭을 다시 명학소로 바꾸기도 했고 말이야.

 궁금이 : 씁쓸한 결과네요. 농민들이 대우를 받으며 살 수 있으면 좋았을 텐데요. 그리고 또 다른 사건은 없었나요?

 이규보 : 몇 개가 더 있지. 그중 하나가 1198년에 일어난 '만적의 난'이라는 사건이야. 당시 최 씨 정권 지도자였던 최충헌의 노비 만적이 신분 해방을 목적으로 반란을 계획했단다. 하지만 만적의 계획은 사전에 들키는 바람에 실패로 끝나고 말았지.

이 일어날 때마다 세상은 더 흉흉해졌지요.

이전 무신 지도자들과 마찬가지로 이의민의 시대도 오래가지 못했어요. 백성의 민심도 잃었을뿐더러 1196년에 최충헌이라는 장수가 이의민을 죽이고 최고 권력자가 되었거든요. 이듬해 최충헌은 명종을 왕위에서 쫓아내고 신종을 새 왕으로 앉혔어요. 장수가 제멋대로 왕을 교체하는 일이 또다시 일어난 겁니다.

고려 백성들은 최충헌이 권력을 잡았다는 소식을 듣고 다들 쑥덕거렸어요.

"이번 지도자는 최 씨라던데, 몇 년이나 갈까?"

"뻔하지. 얼마 못 가 또 다른 자가 나타날 거야."

과연 그렇게 되었을까요?

🔹 62년간 고려를 지배한 최 씨 집안

최 씨 정권도 오래 못 갈 것이란 예상은 어긋났습니다. 최충헌은 앞선 무신 정권 지도자들과 비교하면 치밀한 사람이었어요. 권력을 잡은 그는 반란을 일으킬 가능성이 있는 경쟁자들을 가차 없이 몰아냈어요. 자신의 권력을 안전하게 유지하게 위해 '교정도감'이라는 조직까지 만들었지요.

최충헌은 다른 무신 정권 권력자들과 달리 문신들을 배척하지 않았어요. 능력 있는 문신들에게는 벼슬을 주고 나랏일을 맡겼어요.

나 이규보 또한 최 씨 정권기에 벼슬 생활을 했지요. 내가 젊었을 때는 무신 지도자들의 권력 다툼으로 세상이 어지러웠어요. 그래서 나는 벼슬에 대한 욕심을 버리고 글을 쓰는 일에만 열중했어요. 이때 쓴 대표적인 작품이 고구려를 세운 주몽을 찬양한 〈동명왕편〉이지요.

내가 32살이 되던 해, 최충헌은 내가 글을 잘 쓴다는 이야기를 듣고 나에게 벼슬을 줬습니다. 나는 글로 인정을 받게 되었으니 큰 망설임 없이 최충헌의 신하가 되었어요.

이 무렵에는 나 외에도 많은 문신이 벼슬을 얻어 나랏일에 참여했어요. 글공부를 많이 한 신하들이 늘어나면서 과거 제도 시행 초기처럼 무신과 문신이 적절한 조화를 이루게 되었답니다.

하지만 여전히 고려는 무신들의 손아귀에 놓여 있었어요. 실질적으로 나라를 다스린 자는 최충헌이었거든요.

최충헌은 1219년에 죽으면서 최고 권력자 자리를 자기 아들 최우에게 물려주었어요. 최우는 훗날 아들 최항에게, 최항은 아들 최의에게 권력을 연이어 물려주었지요. 이처럼 최 씨 집안이 4대를 거쳐 62년 동안 대대로 권력을 잡았어요.

길고도 긴 무신 정권 시기, 최 씨 정권은 최의를 끝으로 막을 내리게 됩니다. 최의는 최항의 서자(본 부인이 아닌 첩에게서 난 아들)였기 때문에 힘이 약했지요.

결국 최 씨가 아닌 새로운 무신들에게 정권이 넘어갔지만 잇따른 권력 남용과 견고하지 못한 정책 등으로 인해, 무신 정권은 약 100년간의 역사로 끝을 맺습니다.

고려의 역사 속으로!

고려 시대에 탄생한 역사책 《삼국사기》와 《삼국유사》

우리는 조상들이 쓴 다양한 기록물을 통해 옛 역사를 마주할 수 있어요. 조상들이 쓴 책, 편지, 문서 등 모든 것이 소중한 역사 기록이에요.

이런 기록물들 중에서 역사를 파악하는 데 가장 큰 도움이 되는 것은 '사서'예요. 사서는 역사를 기록한 책을 말해요.

고려 시대에는 우리 민족의 역사를 이해하는 데 아주 큰 도움이 되는 소중한 역사책이 탄생했어요. 바로 《삼국사기》와 《삼국유사》입니다. 두 책은 공통적으로 고려의 앞 시대인 삼국 시대의 역사를 기록했어요.

《삼국사기》는 현재 전해지는 사서 중 가장 오래된 책으로, 제17대 왕 인종이 고려를 다스리던 1145년경에 완성되었어요. 총 50권으로 이루어진 이 책은 역사를 다룬 본문인 〈본기〉, 역사 사건을 연대순으로 배열한 〈연표〉, 예술, 지리 등 각 분야의 기록을 담은 〈지〉, 주요 인

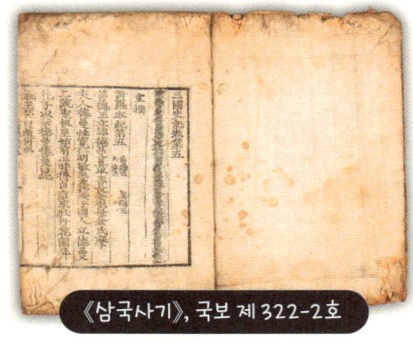

《삼국사기》, 국보 제322-2호

물에 대한 기록을 담은 〈열전〉으로 구성되어 있어요. 주로 고구려, 백제, 신라가 경쟁한 삼국 시대와 그 후 신라가 한반도를 다스린 통일 신라 시대 역사를 기록했지요.

그중 〈본기〉는 총 28권으로 많은 분량을 차지하고 있어요. 고구려 10권, 백제 6권, 신라 5권, 통일 신라 7권으로 구성되어, 각국의 역사를 시간 순서에 따라 균형 있게 다루었어요. 이 책을 만든 사람은 김부식이에요. 책의 분량이 워낙 방대했기 때문에 김부식은 《삼국사기》의 총책임자로서 10여 명의 학자와 신하들과 함께 힘을 모아 책을 완성했어요.

《삼국유사》 역시 《삼국사기》 못지않게 중요한 역사책이에요. 이 책을 쓴 사람은 고려 말기의 일연 스님입니다. 제25대 왕인 충렬왕이 스승으로 모실 만큼 훌륭한 스님이었던 그는 1281년경에 이 책을 완성했어요.

《삼국유사》, 국보 제306호

《삼국유사》는 총 5권으로 단군이 세운 고조선부터 통일 신라 시대까지의 역사를 다루고 있어요. 김부식의 《삼국사기》가 왕을 중심으로 나라의 정치, 군사 역사를 주로 다루었다면, 일연의 《삼국유사》는 흥미로운 이야기를 더 많이 담았어요. 역사를 비롯해 다양한 전설과 고려 문화에서 빼놓을 수 없는 불교 이야기, 불교 문화재, 유명한 스님 등의 일화를 함께 다루었지요. 《삼국유사》에 실려 있는 전설 중 가장 유명한 것은 단군신화예요. 《삼국유사》의 〈기이〉편에는 재미난 전설이 많이 담겨 있답니다.

오늘날 드라마, 영화, 소설 중에는 삼국 시대를 배경으로 하는 작품들이 꽤 있습니다. 이런 작품들은 《삼국사기》와 《삼국유사》 같은 책이 없었다면 탄생하기 힘들었을 거예요.

6장
김윤후가 들려주는 고려와 몽골 전쟁 이야기

김윤후

1232(고종 19)~1262(원종 3)*
고려 장수

나는 용감하게 몽골 군대와 싸웠다!

"나는 고려와 몽골의 전쟁 때 활약한 스님 출신 장수 김윤후입니다.
스님들은 삼국 시대부터 나라가 위험에 처했을 때
병사로 참여해 활약해 왔답니다.
나 또한 몽골이 쳐들어왔을 때 칼과 활을 들고 전쟁터로 달려갔지요."

*김윤후는 태어나고 죽은 해에 대한 역사 기록이 따로 없어요.
해당 년도는 그가 고려 역사에 등장한 시기입니다.

고려와 몽골의 전쟁 연표

1206년 칭기즈 칸, 몽골 영토를 통합하다

1219년 최우, 최 씨 정권 권력을 이어받다

1231년 고려와 몽골의 1차 전쟁

1232년 고려와 몽골의 2차 전쟁
고려, 강화도로 수도를 옮기다
승려 김윤후, 처인성 전투에서 승리하다

1235년 고려와 몽골의 3차 전쟁

1247년 고려와 몽골의 4차 전쟁

1253년 고려와 몽골의 5차 전쟁
장수 김윤후, 충주산성 전투에서 승리하다

1270년 고려, 몽골에 항복 후 개경으로 수도를 옮기다
무신 정권 몰락하다

더 보기

김윤후는 몽골을 두 번이나 물리친 고려의 최고 영웅이에요! 김윤후는 몽골의 침략에 용기 있게 맞서 싸워 나라와 백성들을 구했대요. 저도 김윤후 장수의 용기를 본받고 싶은데, 이야기를 들으러 얼른 가 보자고요!

고려와 몽골은 왜 전쟁을 벌였을까?

　몽골과의 전쟁 이야기에 앞서, 40년의 시간 동안 고려와 전쟁을 벌인 몽골이라는 나라부터 소개할게요. 한반도 북쪽에는 만주 지역이 있습니다. 만주에서 서북쪽으로 더 올라가면 넓은 초원 지대가 나타나요. 바로 이 지역에 몽골 민족이 가축을 키우며 살았어요.

　고려 중기까지 몽골 민족은 여러 부족으로 나뉘져 있었어요. 그중 한 부족의 우두머리인 테무친이라는 자가 몽골 부족을 통일했지요. 몽골을 통일한 후 그의 이름은 칭기즈 칸이 되었어요. 칭기즈 칸은 몽골 주변 지역까지 정복하며 점점 몽골 영토를 넓혀 갔습니다.

1218년, 몽골 군대는 고려 땅에 처음 들어섰어요. 이때 몽골은 거란과 전쟁 중이었어요. 몽골은 고려로 도망친 거란을 뒤쫓아 갔지요. 당시 고려는 몽골과 협력해서 거란을 무찔렀어요. 거란을 물리친 후 고려와 몽골은 한동안 관계가 좋았어요. 그러나 몽골 사신들은 고려에 머무는 동안 고려 조정의 호의를 무시하는 등 거만하게 행동했어요. 몽골 사신은 고려 왕 앞에서 이렇게 말하기도 했습니다.

　"우리 몽골은 세계에서 가장 강한 나라요. 고려는 몽골에 예를 다해야 할 것이오. 앞으로 몽골을 잘 섬기도록 하시오."

　고려의 제23대 왕 고종은 제멋대로 행동하는 몽골 사신들을 더 이상 맞이하고 싶지 않았습니다. 하지만 소용없었어요. 당시 고려의 실질적인 지도자는 최 씨 정권의 최우였거든요. 게다가 모든 신하가 힘이 센 몽골과 적대 관계를 갖는 건 옳지 않다고 입을 모았어요. 고종은 하는 수 없이 몽골과의 관계를 이어 나갈 수밖에 없었습니다.

그런데 얼마 안 가 고려와 몽골의 관계는 깨지고 말았어요.

1225년, 몽골 사신 저고여가 고려에 들렀다 고국으로 돌아가던 중에 도적들에게 살해되는 사건이 일어났어요. 몽골은 이 일이 고려의 계획이라 의심하며 단숨에 관계를 끊어 버렸습니다. 실은 여진족의 음모였지만 이를 알 리 없는 몽골은 고려를 멀리했지요.

당시 몽골의 최고 지도자는 칭기즈 칸의 아들인 오고타이 칸이었어요. 오고타이는 부하 장수 살리타에게 명령했습니다.

"고려로 쳐들어가 본때를 보여 주거라."

슬프고 또 슬픈 전쟁

1231년, 살리타가 이끄는 3만 명의 몽골군은 한반도 북쪽을 흐르는 압록강을 넘었어요. 몽골군은 압록강 남쪽에서 고려군을 침략한 후 개경 근처까지 진격했어요. 하지만 개경에는 들어서지 않았어요. 개경에 있는 고려의 주력 부대와 붙을 경우 패할 수도 있다고 생각한 겁니다.

진격을 멈춘 살리타는 개경에 사신을 보내 항복하라고 전했어요. 그리고 상당한 양의 공물을 바치라며 엄포를 놓았어요. 개경을 정복 당할까 걱정한 고려 조정은 협상으로 몽골을 막기로 했어요. 몽골 사신들에게 성대한 잔치를 열어 주고 진귀한 공물을 내놓았지요. 몽골은 항복의 뜻으로 받아들이고 되돌아갔어요. 이렇게 1차 전쟁은 고려의 항복으로 끝이 났습니다.

하지만 안심하기는 일렀습니다. 1232년, 최우가 고종에게 말했습니다.

"폐하, 수도를 강화도로 옮겼으면 합니다."

"왜 수도를 옮긴다는 거요?"

"몽골이 언제 또 쳐들어올지 모릅니다. 몽골 군대는 초원에서 말을 타고 싸우기 때문에 바다 싸움은 익숙하지 않습니다. 이에 대비해 강화도로 수도를 옮기는 게 좋을 듯하옵니다."

고종은 최우의 뜻에 따랐습니다. 1232년, 고려가 수도를 개경에서 강화도로 옮기자 몽골은 다시 군대를 보냈어요. 2차 전쟁이 터진 겁니다. 이번에도 몽골 군대 지휘자는 살리타였어요.

결국 2차 침입 때 몽골은 개경을 점령했습니다. 그리고 사신을 강화도에 보내 항복을 요구했어요.

그러나 고려는 단칼에 거절했어요. 살리타는 고려가 항복하지 않자 군대를 몰고 개경 남쪽으로 진군했어요.

살리타 군대가 들어설 당시 나, 김윤후는 용인 지방에 있었어요. 용인에 처인이라는 마을이 있었는데, 나는 이 근처 절에 지내고 있었지요. 나는 몽골군이 쳐들어온다는 소식을 듣고 주민들을 불러 모았습니다.

"여러분, 몽골에 맞설 대비를 해야 합니다."

주민들은 한마음 한뜻으로 계획을 세웠어요. 우리는 토성(흙으로 성벽을 쌓은 성) 처인성에 숨어 있다가 기습 공격을 벌이기로 했어요.

나와 주민들이 전투 준비를 시작한 지 얼마 되지 않아 처인성 근처에 몽골군의 깃발이 보였어요.

나는 성벽에 배를 바짝 붙이고 몽골 군대를 노려보았어요. 곧 한 사람이 눈에 들어왔습니다. 복장이 화려하고 좋은 말을 탄 사람이었어요. 나는 그 사람을 향해 화살을 끝까지 당기고 나직하게 중얼거렸습니다.

'나의 화살을 받아라.'

내가 쏜 화살이 바람을 가르며 날아갔습니다. 잠시 후 그가 말에서 비명과 함께 떨어졌어요. 주민들도 뒤따라 공격을 퍼부었어요. 기습 공격에 당황한 몽골군은 허겁지겁 후퇴했지요.

나중에 알고 보니 내가 공격한 사람은 몽골군 총사령관 살리타였어요. 살리타가 죽자 부하 장수들은 더 이상 싸울 생각을 않고 후퇴한 겁니다.

몽골군이 고려 땅에서 물러난 후 고종은 처인에 사신을 보냈어요. 사신은 나에게 상장군이라는 벼슬을 주기 위해 왔지만 나는 벼슬을 사양했어요.

"제가 한 일은 적의 장수를 죽인 것뿐입니다. 그 일로 어찌 장군이라는 큰 상을 받겠습니까?"

나는 단지 더 이상 전쟁이 없기를 간절히 바랐어요. 하지만 내 기대는 빗나갔어요. 여전히 고려 조정은 강화도에서 개경으로 돌아오지 않았고, 1235년 몽골은 또다시 고려를 공격했어요. 중국의 강대국인 금나라를 완전히 멸망시킨 몽골은 2차 전쟁 때보다 더 많은 병사를 고려로 보냈습니다.

몽골은 고려 일대를 침략하면서도 고종이 머물고 있는 강화도는 공격하지 않았어요. 대신 줄기차게 항복만 요구했어요. 몽골 군대는 오랫동안 고려 땅에 머물며 곳곳을 약탈했어요. 백성들은 이전보다 더 큰 피해를 입게 되었어요. 결국 고려는 1238년 몽골에게 공격을 멈춰 달라고 요청했어요.

그러자 몽골은 고려의 왕이 몽골 땅에 직접 와서 용서를 빌면 물러가겠다고 했어요. 고종은 몽골의 제안을 받아들이겠다 약속했고, 몽골군은 1239년 고려 땅에서 물러났습니다.

연이은 전쟁 탓에 많은 백성이 고통받았습니다. 게다가 몽골군의 공격으로 고려의 절, 탑 등 많은 문화재가 불타 버렸지요.

이처럼 피해가 심한데도 불구하고 고종은 병이 났다는 핑계를 대며 몽골에 가지 않았어요. 몽골은 왕의 가족이라도 대신 보내라고 했어요. 고려 조정은 왕족 중 한 사람을 왕의 동생이라고 속여 몽골에 보냈어요.

이러다가는 언제 또다시 전쟁이 터질지 모를 일이었어요. 그리고 걱정은 현실이 되고 말았습니다.

이제 여러분은 노비가 아닙니다

고려가 완전한 항복을 하지 않자, 1247년 몽골은 또 군대를 보내 고려 곳곳을 약탈했어요. 백성들은 다시 피난 보따리를 싸고 깊은 산과 섬으로 도망쳤습니다.

다행히도 4차 전쟁은 오래가지 않았습니다. 몽골에서 새로운 지도자를 선정하는 문제로 정치 다툼이 일어나는 바람에, 몽골 군대는 급히 후퇴를 했거든요.

하지만 고려 내부는 최 씨 집안이 권력을 계속 휘두르고 있었어요. 1249년 최우의 아들인 최항이 자리를 물려받았어요. 그리고 고려의 수도는 여전히 강화도였지요.

결국 1253년, 몽골의 새 왕이 즉위하자마자 고려를 공격하라고 명령을 내렸어요. 5차 전쟁이 시작되었어요.

이때 고려 정부는 내가 처인성 전투에서 싸운 경력을 다시 한번 인정하며 나에게 충주를 지키는 방호별감 벼슬을 주었어요. 이번에는 거절하지 않고 직위를 받았어요. 고려의 앞날이 걸린 중요한 문제였기 때문이지요.

당시 충주를 지키는 병사는 별로 없었어요. 그래서 나는 충주 주민들을 불러 모아 호소했습니다.

"몽골이 다시 국경을 넘었다고 합니다. 하지만 충주를 지킬 병사가 부족합니다. 여러분, 충주의 의병이 되어 주십시오. 함께 몽골에 맞섭시다."

그런데 이게 웬일입니까? 주민 대부분이 내 말에 콧방귀를 뀌었어요. 나는 한 주민에게 물었습니다.

"왜 주민들이 충주 지키는 일을 나 몰라라 하는 겁니까?"

"이유가 있죠. 1232년 몽골군이 처음 충주에 쳐들어왔을 때 일입니다. 당시 충주 수령(한 지역을 다스리는 지도자)과 장교들은 몽골군과 싸우지도 않고 도망쳤어요. 이들을 대신해서 평민과 노비들이 충주를 지켰습니다. 몽골군이 후퇴하고 나서야 수령은 충주로 돌아왔지요. 그런데 주민들이 성 안에 있는 물건을 훔쳤다며 누명을 씌워 벌을 주지 뭡니까!"

이튿날 나는 다시 거리로 나가 호소했습니다.

"충주의 평민과 노비들이 당한 억울한 일을 들었습니다. 나 또한 몹시 분노가 치밀었습니다. 어찌 공을 세운 사람들에게 벌을 준단 말입니까? 여러분! 약속하겠습니다. 그런 억울한 일은 절대 없을 것입니다. 그러니 나를 믿고 충주를 같이 지킵시다!"

진심은 통하는 법이지요. 나의 말에 사람들의 태도가 조금씩 변했어요. 피난 준비를 하던 주민들이 하나둘씩 의병에 참여하겠다고 말해 주었어요.

한 사람이 나에게 물었습니다.

"과, 과연 우리가 몽골 군대를 막을 수 있을까요? 생각만 해도 무섭습니다."

나는 손으로 충주 근처의 산을 가리켰어요. 그곳에는 돌로 쌓은 충주산성이 있었어요. 나는 자신에 찬 목소리로 말했습니다.

"모든 주민이 충주산성으로 들어가 대비합시다. 높은 산성에서 공격한다면 몽골을 쉽게 막아 낼 수 있을 것입니다."

충주 사람들은 나의 작전에 따라 식량과 무기를 산성으로 옮겼어요. 몽골군이 충주에 왔을 때 배를 채울 수 없도록 쌀 한 톨까지 모두 그러모았지요. 큰 돌을 옮겨 산성도 더 높게 만들었어요. 또 나무를 베어 활을 최대한 많이 만들었지요.

이때 몽골군은 동주, 양근 (오늘날 철원, 양주) 등 고려의 주요 도시를 점령했습니다. 가을이 깊어갈 무렵 몽골 군대는 충주에 들어섰어요. 그들은 사람들이 모두 산성으로 대피한 것을 알아차리고 곧장 산성 쪽으로 말 머리를 돌렸어요.

몽골군은 불을 붙인 화살을 쏘고 투석기로 성 쪽에 돌을 날리는 등 맹공격을 퍼부었습니다.

나는 명령을 내렸습니다.

"불이 붙은 곳은 당장 꺼라! 돌이 날아오면 피하라. 성이 부서지면 곧장 보수하라! 무기를 아껴라! 오래 버티면 버틸수록 승리는 우리 것이다."

의병들은 나의 명령에 잘 따라 주었어요. 모두들 똘똘 뭉쳐 각자의 위치에서 최선을 다해 공격을 막아 냈어요.

몽골은 공격을 잠시 멈추었습니다. 하지만 그들은 충주에서 순순히 물러나지 않았어요. 그 후로도 며칠 동안 몽골은 충주산성을 공격했습니다. 몽골이 포기하고 돌아갈 거라 생각했지만 예상은 빗나갔어요. 그들은 끈질겼습니다. 몽골군은 다른 지역에서 식량을 운반해 오며 계속 버텼어요. 충주산성을 정복하겠다는 뜻을 꺾지 않았지요.

시간이 흐르면서 성안의 식량 사정도 나빠졌습니다. 의병들의 사기를 올릴 방법이 필요했어요.

나는 모든 사람을 성안 마당에 모아 놓고 말했습니다.

"나는 이 전쟁이 끝나는 대로 여러분이 얼마나 용감하게 싸웠는지 왕에게 전할 것입니다. 충주성을 지킨 공로로 여러분이 귀한 상을 받을 수 있게 하겠습니다. 그리고 또 하나! 여러분 중에는 노비 신분인 사람이 많습니다. 나는 산성으로 대피할 때 노비 문서를 다 가져왔습니다. 지금 여러분이 보는 앞에서 노비 문서를 불태우려고 합니다. 이 순간부터 여러분은 노비가 아닙니다."

내가 노비 문서에 불을 붙이자 노비들은 눈물을 흘리며 감격했어요.

의병들의 떨어진 사기는 다시 올라갔지요. 몇 차례 몽골이 다시 성을 공격했지만 끝까지 충주 의병들은 성을 지켰어요.

"나리! 물러갑니다. 몽골군이 물러갑니다요."

나는 성 꼭대기로 올라가 충주 시내를 내려다보았어요. 사실이었습니다.

몽골 군대가 충주에 쳐들어온 것은 70일 전이었어요. 끈질기게 공격했던 몽골 군대도 충주 의병들의 끈기에 지고 만 것입니다.

나는 기쁜 마음으로 의병과의 약속을 지켰어요. 고려 조정은 나의 보고를 들고 충주 의병 모두에게 관직을 내려 주었어요.

전쟁은 한 번만 일어나도 끔찍한 사건입니다. 그런데 다섯 번이나 연이어 전쟁이 일어났으니 이건 끔찍하고 또 끔찍한 사건이었지요.

그러나 몽골과의 전쟁은 여기서 끝나지 않았습니다.

우리 민족 역사에서 가장 긴 전쟁

몽골은 1254년, 1255년, 1257년, 1258년에도 끊임없이 고려에 쳐들어왔어요. 몽골이 유난히 전쟁을 좋아한 나라였던 걸까요? 따지고 보면 사실 몽골도 고려와의 오랜 전쟁으로 많은 병사들이 죽어 피해가 컸어요.

그렇다면 왜 전쟁은 또 일어난 걸까요? 이는 고려 조정에 책임이 있습니다. 고려 조정은 번번이 몽골과 한 약속을 어겼어요. 수도를 강화도에서 개경으로 옮기겠다는 약속, 왕이 몽골에 가서 정식으로 항복하겠다는 약속을 끝내 지키지 않았어요.

1258년, 몽골의 공격이 끊이지 않던 시기에 김준이라는 장수가 최 씨 정권의 지도자인 최의를 죽이고 권력을 잡았어요. 김준은 권력을 지키기 위해 몽골에 항복하는 것을 반대했지요.

반면 제24대 왕 원종은 태자 시절에 전쟁을 끝내기 위해 몽골에 간 적이 있었어요. 그는 몽골 왕위 후계자 중 한 명인 쿠빌라이를 만나 고려의 항복 의사를 밝혔어요. 고려는 더 이상 몽골의 압력을 견딜 수 없는 상황이었거든요.

쿠빌라이는 고려 왕자의 말을 듣고 크게 기뻐했어요.

훗날 원종은 무신 권력자의 반란으로 잠시 왕위에서 물러나기도 했지만, 쿠빌라이의 지원으로 인해 다시 왕위를 차지할 수 있었어요. 그리고 1270년 무신 정권의 마지막 지도자 임연이 죽은 이후, 원종은 수도를 개경으로 옮길 수 있었어요. 이로써 40년 가까이 이어진 고려와 몽골 전쟁은 끝이 났습니다.

비록 고려는 전쟁에서 졌지만 몽골에 항복하기 전 마지막까지 끈질기게 저항했어요. 몽골도 이 점을 높이 평가하여 고려를 없애지 않기로 했어요. 몽골의 침입을 받은 다른 나라들과 달리 직접적인 지배를 하지 않았지요.

하지만 시간이 갈수록 고려는 몽골이 세운 원나라의 이런저런 간섭과 통제를 피할 수 없었어요. 고려는 100년 가까이 원의 그늘 아래서 지내야 했지요. 먼 훗날 한 훌륭한 왕의 등장으로 지긋지긋한 원나라의 지배로부터 벗어날 수 있게 된답니다.

역사 궁금증

궁금이: 쿠빌라이가 원종을 만났을 때 유독 기뻐한 이유가 있나요?

김윤후: 1259년 몽골의 제4대 왕 몽케가 죽자 쿠빌라이와 아리크부카 두 지도자가 황제 자리를 두고 경쟁했어. 정통성, 지지 세력 등을 볼 때 쿠빌라이는 아리크부카에게 밀리고 있었어. 그런 시점에 원종은 쿠빌라이를 만나러 가 그의 편이 되겠다고 말했지.
쿠빌라이는 몇 십 년간 제대로 정복을 못한 고려가 자신의 편이 되겠다고 하니, 자신이 왕이 될 운명이나 다름없다고 생각했어. 그래서 쿠빌라이는 제5대 왕이 된 후, 원종을 적극적으로 도와줬어.

궁금이: 우아, 만약 원종이 아리크부카를 만나러 갔다면 고려의 운명이 바뀔 수도 있었겠어요. 그럼 쿠빌라이가 원종에게 어떤 도움을 줬어요?

김윤후: 원종이 무신 정권 세력에서 벗어나기 위해 수도를 개경으로 옮기려 했어. 그러자 최 씨 무신 정권을 물리친 김준이 결사반대하며 반란을 일으켰단다. 이에 임연이 김준을 제거하고 새로운 무신 정권 지도자가 됐어. 그런데 웬걸, 임연이 또다시 반란을 일으켜 원종 대신 그의 동생을 새로 왕위에 올린 거야. 이 사실을 알게 된 쿠빌라이가 원종의 자리를 되돌리라고 고려 조정에 엄포를 놓았단다. 결국 쿠빌라이 힘에 밀려 무신 정권 세력도 점차 힘을 잃었지.

고려의 역사 속으로!

고려 시대에는 어떤 도시들이 있었을까

고려 시대의 대표 도시는 당연히 수도인 개경이었습니다. 하지만 한동안은 강화도가 고려 대표 도시였어요. 고려 조정이 몽골 침입에 대항하기 위해 강화도로 수도를 옮겼기 때문이지요. 지금은 흔적을 거의 찾아볼 수 없지만, 강화도에도 임시 궁궐이 있었어요.

강화산성

39년간의 임시 수도 생활을 마치고 1270년 수도를 다시 개경으로 옮긴 후 강화도의 인구는 급격히 줄어들었어요. 하지만 강화도는 고려 시대를 넘어 조선 시대에도 군사적으로 무척 중요한 곳이었어요. 강화도는 서해 바다에서 수도 한양으로 들어가는 길목에 있는 섬이었거든요.

고려 시대에 개경, 강화도 외에도 많은 사람이 모여 사는 도시들이 있었어요. 먼저 개경 북쪽에 있던 서경(오늘날 북한의 평양)은 고구려의 수도가 있었던 도시예요. 왕건은 고려를 건국하면서 고구려 백성의 민심을 얻어야 했어요. 게다가 서경 인근의 대동강 지역이 군사적으로 중요한 장소였기 때문에 서경에 큰 관심을 가졌지요.

개경, 서경의 끝 글자인 경(京)은 수도를 뜻하는 한자로 고려 시대에는 경(京)자가 붙는 도시가 또 있었어요. 오늘날 대한민국의 수도인 서울을 고려 시대에는 남경이라고 불렀답니다. 문종은 남경에 잠시 머물다 갔는데, 이 때문에 남경에는 조그만 궁궐이 지어지기도 했어요. 남경은 조선 시대에 이름이 한양으로 바뀌지요.

그리고 신라의 수도였던 경주는 동경이라고 불렀어요. 동경은 동쪽에 있는 수도라는 뜻이지요. '경'자로 끝나는 이 네 개의 도시를 고려 시대의 '4경'이라고 해요.

이 도시 외에도 고려의 지방에는 큰 도시가 12곳이나 있었어요. 983년 고려 조정은 이곳에 '목'이라는 행정 관청을 설치했어요. 목이 설치된 도시들을 합쳐 '12목'이라고 하지요. 성종은 12목에 '목사'라는 지방관을 파견했어요. 오늘날의 도지사처럼 말이에요. 이 시기부터 고려는 12목 지역에 대해 본격적으로 관리를 하기 시작했어요.

12목이 설치된 도시들은 양주, 광주, 청주, 충주, 공주, 진주, 상주, 전주, 나주, 승주, 해주, 황주인데, 이들 도시가 오늘날 어디에 속한 도시인지 살펴볼까요?

경기도의 양주와 광주, 충청북도의 청주와 충주, 충청남도의 공주, 경상북도의 상주, 경상남도의 진주, 전라북도의 전주, 전라남도의 나주, 승주입니다. 이뿐만 아니라 북한에 있는 지역 중에도 12목으로 지정된 도시가 있었어요. 해주와 황주라는 도시이지요. 고려의 4경과 12목은 오늘날에도 많은 사람이 사는 도시랍니다.

오른쪽 지도에서 고려의 4경 12목을 하나씩 살펴보세요. 오늘날 도시 위치와 비교해서 보면 더 재미있을 거예요.

4경 12목

119

7장

공민왕이 들려주는 고려 개혁 이야기

공민왕

1330~1374(생애) 1351~1374(재위)
고려 제31대 왕

고려는 원나라로부터 벗어날 과감한 시도를 했다!

"나는 고려의 제31대 왕 공민왕입니다.
원나라의 지배를 받았던 고달픈 시기부터
원나라로부터 독립하기 위해 노력한 이야기를 들려주려고 합니다.
힘들었지만 고려의 앞날을 위해서는 꼭 해야 할 일이었어요."

고려 개혁 연표

- 1351년 공민왕, 제31대 왕위에 오르다
- 1352년 공민왕, 반원 개혁을 시작하다
- 1355년 홍건적, 고려를 공격하다
- 1356년 공민왕, 정동행성을 폐지하다
- 1358년 공민왕, 철령 지역을 고려 땅으로 만들다
- 1360년 공민왕, 서경 탈환하다
- 1361년 홍건적, 고려 2차 공격 시도 및 개경을 무너뜨리다 
- 1362년 공민왕, 홍건적을 격파하다
- 1366년 공민왕, 신돈의 도움으로 전민변정도감을 세우다

더 보기 공민왕은 원나라의 침략에 고통받는 백성들을 돕기 위해 다양한 개혁 정책을 실행했다고 해요. 특히 스님 신돈과 함께 고려의 변화를 바꾸기 위해 무진장 노력했다던데, 과연 공민왕의 정책은 잘 이루어졌을까요?

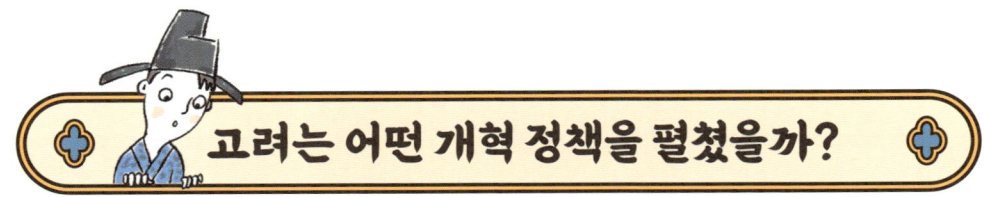

고려는 어떤 개혁 정책을 펼쳤을까?

　몽골과의 전쟁은 끝났지만 고려는 새로운 시련에 부딪혔어요. 정치, 외교, 군사 등 하나부터 열까지 원나라(몽골이 중국 땅을 차지하며 세운 나라)의 간섭을 받아야 했어요.

　이때부터 고려는 스스로 왕을 정하지 못했어요. 원나라의 결정에 따라야만 했지요.

　원나라는 고려의 왕자들을 원나라에 보내라고 명령했어요. 그리고 원나라에서 지내는 고려 왕자가 나이가 들면 원나라 공주와 결혼을 시켰어요. 이는 왕자를 인질로 삼아 고려가 함부로 맞서지 못하게 하려는 목적이었지요.

　1271년 원나라에 머물고 있던 고려 왕자도 쿠빌라이 황제의 딸과 결혼했고, 1274년 원종이 죽은 이후 고려의 제25대 왕이 되어 고려 땅에 돌아왔어요. 고려 신하들은 왕의 모습에 깜짝 놀랐습니다.

　"아니, 저게 뭐람! 머리와 옷차림이 모두 몽골식이잖아?"

🔷 몽골식으로 바꿔!

왕은 머리의 뒷부분만 남겨 놓고 나머지 부분은 모두 깎아 등 뒤로 길게 땋아 늘어뜨리는 변발을 했어요. 게다가 호복이라고 부르는 몽골식 의복을 입고 왔어요.

신하들을 더 놀라게 한 건 왕이 내린 명령이었습니다.

"며칠 후 내 즉위식이 열린다. 모든 신하는 나처럼 변발을 하라! 그러지 않는 자는 모조리 쫓아낼 것이다."

벼슬에서 쫓겨나기 싫은 신하들은 울며 겨자 먹는 심정으로 변발을 했어요. 몽골의 지배를 받는 것도 모자라 몽골 제도를 강요하는 왕이라니, 기가 찰 노릇이었지요.

심지어 원나라는 고려 왕의 이름까지 간섭했어요. 고려의 경우 왕의 이름은 '조' 또는 '종'으로 끝났습니다. 그런데 변발을 하고 온 이 왕의 이름은 충렬왕이었어요.

충렬왕 때부터 제30대 왕인 충정왕까지 고려의 왕 이름에 공통적으로 '충'자가 붙습니다. 원나라에 충성한다는 의미가 담긴 원통한 이름이었어요. 원나라의 지배를 받게 되면서 고려 백성들의 삶은 고통의 연속이었습니다.

1274년 고려에 온 원나라 사신이 충렬왕에게 말했습니다.

"우리 원나라는 일본을 공격하려고 하오. 고려는 일본에 건너갈 배를 만들고 원나라를 도울 병사를 동원하시오."

당시 원나라는 중국과 그 주변 지역을 점령했어도 섬나라 일본은 정복하지 못했거든요.

1274년 원나라의 강압에 못 이겨 고려의 연합군 4만 명이 일본으로 떠났어요. 하지만 일본이 완강하게 저항한 탓에 주변의 몇몇 섬만 점령했을 뿐 일본 본토는 밟아 보지도 못했습니다. 결국 원나라와 고려 연합군은 후퇴했는데 이때 더 큰 피해를 입었어요. 태풍이 불어 수많은 배가 가라앉고 말았거든요.

원나라는 만반의 준비를 하고 다시 한번 일본 정복을 노렸어요. 고려에 일

본 정복을 위한 특별 관청인 '정동행성'까지 만들었지요. 1281년에 15만 명의 병사와 함께 일본을 공격했어요. 하지만 2차 공격도 실패하고 말았어요. 이때도 태풍을 만나 약 10만 명의 병사가 싸워 보지도 못한 채 바다에서 물귀신이 된 겁니다.

원나라의 지배가 계속되면서 또 다른 문제가 생겼어요. 고려 조정이 아닌 원나라에 충성해 출세하려는 친원파 신하들이 계속 늘어났어요.

고려는 점점 원나라의 손아귀에 놀아나는 나라가 되어 갔어요. 결국 원나라 황제는 고려에 이런 명령을 내렸습니다.

"충렬왕은 원나라 공주와 관계가 소원하고 나라 또한 잘 다스리지 못했다. 왕위를 박탈하고 그의 아들을 고려의 새 왕으로 임명하노라!"

 나는 반드시 좋은 왕이 될 것이다

　엄연히 왕이 살아 있는데도 불구하고 왕을 내쫓고 새 왕을 앉힐 정도이니 고려는 독립 국가라고 할 수 없는 처지였어요. 그 후에도 이런 어이없는 일은 자주 일어났어요.

　원나라는 얼마 안 가 충선왕을 내쫓고 충렬왕을 다시 왕위에 앉혔습니다. 이것도 잠시, 또다시 충선왕을 왕으로 임명했지요. 고려는 원나라가 원하는 대로 순순히 따르기만 했어요. 친원파 신하들은 왕권이 하락한 틈을 타 권력을 이용해 재산을 늘리려고 했어요.

　그렇지만 아무리 힘들고 어려운 시대라도 끝이 있는 법입니다. 시대 환경이 변하는 것은 크게 두 가지 이유 때문이에요. 그 나라를 둘러싼 국제 환경이 변할 때 그리고 훌륭한 지도자가 나타나 나라를 좋게 변화시킬 때입니다.

　나, 공민왕은 고려의 추락을 보고만 있을 수 없었어요. 나라의 판도를 바꿔 놓고 싶었습니다.

　나는 1330년 충숙왕의 둘째 아들로 태어났어요. 나의 친형은 훗날 충혜왕이 되었는데, 나라를 잘못 다스려 원나라에 끌려가 비참하게 죽었지요. 충혜왕이 죽은 뒤 그의 아들 충목왕, 충정왕이 나라를 다스렸지만 나이가 어려 고려를 제대로 다스리지 못했어요.

　나는 원나라의 요구로 11살 때부터 원나라 땅에서 살았습니다. 나도 그곳에서 다른 고려 왕자들과 마찬가지로 원나라 공주와 결혼했어요. 나는 이때 원나라의 상황을 자세히 관찰할 수 있었어요.

　당시 원나라는 왕위를 둘러싼 정치 다툼이 자주 일어나 혼란스러웠어요.

그리고 이 무렵에 원나라의 힘을 약하게 만든 또 하나의 사건이 터졌습니다.

예로부터 중국 땅에서 살아온 한족이 원나라의 지배에 맞서기 위해 홍건적이라는 집단을 만든 겁니다. 원나라는 홍건적의 반란을 진압하는 데 애를 먹었지요.

'원나라가 망할 날도 멀지 않았구나.'

이런 생각을 한 지 얼마 지나지 않아, 1351년에 원나라 황제 순제가 나를 불렀습니다.

"고려의 충정왕은 나이가 어려서 고려를 다스릴 능력이 없다. 너를 새 왕으로 임명하니 곧장 고려로 돌아가라."

1351년 12월 나는 왕의 신분으로 고려에 돌아왔어요. 신하들이 개경 입구에 모두 나와서 나를 맞았어요. 신하들의 얼굴에는 내가 어떤 왕인지, 어떤 정책을 펼칠지 궁금해하는 모습이 역력했어요.

'나는 반드시 좋은 왕이 될 것이다.'

이때 나는 내 나름대로 좋은 왕의 기준을 확실하게 정한 상태였습니다. 바로 백성의 편에 서는 왕이었지요. 나는 백성들이 무엇을 원하는지 먼저 살폈어요. 그들이 간절하게 원하는 것은 확실했어요. 지긋지긋한 원나라의 지배에서 벗어나는 것이었어요.

나는 잘못된 제도와 법을 개선하는 것은 물론, 원나라로부터 독립하는 정책을 차근차근 추진하기로 했어요. 우선 원나라에 아부하는 친원파 세력들을 몰아낼 계획을 세웠지요.

나는 1352년부터 내 생각을 실천에 옮겼어요.

"과인은 앞으로 국가의 주요 보고서를 직접 읽겠노라. 그러니 각 관청에서

는 5일에 한 번씩 주요 정책에 대한 보고서를 나에게 올리도록 하라!"

또 나는 변발과 원나라 복장을 금지하는 결정을 내렸어요. 본보기가 되기 위해 나부터 고려식 복장으로 바꾸었어요.

그리고 1356년 나는 이런 명령을 내렸습니다.

"나라의 돈을 많이 사용하는 불필요한 정동행성을 없애라."

정동행성은 원나라가 일본을 정벌할 당시 만들어졌지만, 전쟁이 종료된 이후 원나라가 고려의 정치를 간섭하기 위한 기관으로 이용되고 있었지요. 원나라와의 관계를 끊기 위해서는 이 기관을 꼭 없애야만 했어요.

백성들은 나의 개혁 정책을 환영하는 반면, 그동안 자신이 누리던 힘과 재산이 줄어든 친원파와 일부 귀족들은 심하게 반발했어요.

그러던 중 조일신이라는 신하가 반란을 시도했습니다. 나는 즉시 조일신을 잡아들이라고 명령했어요. 병사들은 조일신이 잠든 집으로 달려가 그를 체포해 죽였고, 조일신을 따르던 벼슬아치들까지 모두 체포했습니다.

고려 왕권의 힘을 보여 줄 기회가 한 번 더 있었어요. 당시 원나라 황제의 부인은 고려 출신의 기황후였습니다. 기황후의 집안은 황후 가족이라는 이유로 양국에서 온갖 권력을 누리고 있었어요. 나는 반원 개혁을 펼치며 기 씨 가문을 숙청하는 데 힘을 썼습니다.

이어서 원나라가 지배하고 있던 철령 지역을 공격했어요. 그리고 정동행성과 마찬가지로 원나라가 세운 통치 기구 '쌍성총관부'를 폐지해 다시 고려 영토로 만들었지요.

이 무렵 생각지도 못한 위기가 찾아왔습니다. 고려 내부의 문제를 해결하니 밖에서 위협적인 일이 벌어졌지요. 만주 땅으로 진출한 홍건적 세력이 원나라의 공격에 쫓기게 되자 피하다 못해 고려로 쳐들어온 거예요.

1359년 그들은 4만 명의 군사를 끌고 의주부터 서경까지 차례대로 공격했어요. 그러나 연이은 전쟁에 힘을 잃어 약 300명 정도의 군사들만 데리고 서경에서 물러났지요. 고려는 무사히 홍건적의 1차 침입을 몰아낼 수 있었어요. 하지만 그들은 1361년에 다시 10만 명의 병사를 이끌고 와 고려를 공격했어요. 나는 홍건적이 수도 개경까지 진군한다는 소식을 듣고 남쪽 지방으로 피난을 떠나야 했지요.

홍건적은 개경을 무너뜨리며 고려에서 떠날 생각을 않았어요. 이듬해 나는 홍건적 토벌 명령을 내렸습니다. 고려는 병사를 결성해 대대적인 반격을 했지요. 그 결과 홍건적을 몰아내고 개경을 되찾을 수 있었어요.

완성하지 못한 개혁

잇따른 반란과 침입으로 고려가 입은 피해는 심각했습니다. 그래도 나는 개혁 정책을 포기하지 않았습니다. 개혁 정책을 앞장서서 추진할 마땅한 사람을 찾아 나섰지요. 그때 어느 신하가 나에게 지혜가 많은 스님이라며 신돈을 소개해 주었어요.

신돈은 권력에 대한 욕심이 없어 보이는 사람이었어요. 가족도 없기 때문에 설령 신돈이 높은 벼슬에 오른다 해도 기황후 집안 같은 문제는 안 생길 것 같았지요.

1365년 나는 신돈을 궁궐로 불렀습니다.

역사 궁금증

궁금이 : 기황후는 어떻게 원나라의 황후가 될 수 있었어요?

공민왕 : 고려 왕자들뿐만 아니라 원으로 끌려갔던 이들이 또 있다는 거 알고 있니? 바로 고려의 수많은 여자들, '공녀'란다. 13세~16세 사이의 여성들을 강제로 끌고 가 원나라의 궁녀로 일하게 했어.
기황후도 공녀로 끌려간 사람 중 한 명이었는데, 원나라 황제 순제가 그에게 반했던 거지. 결국 기황후는 원나라 출신 여자만 황후가 될 수 있다는 원칙을 깨트리고 황후의 자리까지 오르게 됐단다.

궁금이 : 강제로 끌려갔다니……. 시기는 다르지만 일제 강점기 위안부 할머니들이 떠올라요. 어쩜 그런 잘못을 저지를 수 있죠?

공민왕 : 서글픈 일이지. 그래서 고려 백성들은 딸이 강제로 끌려가는 것을 막기 위해 딸의 머리를 박박 깎거나, 일찍 결혼을 시키기도 했어. 일찍 결혼을 하는 사람들이 늘어나 공녀로 데려갈 수 있는 인원이 점차 줄어들자 고려는 강제로 공녀를 뽑는 관청 '결혼도감'을 만들기까지 했어. 끝까지 원나라의 편에 섰다니 정말 황당하지? 국민들을 제 발로 내쳤으니 고려의 무능함은 이때 가장 큰 게 아닌가 싶구나.

"나와 함께 개혁 정책을 앞장서서 추진할 신하가 필요하오. 그대가 나를 도와 고려를 구원해 주었으면 하오."

신돈은 나의 제안을 받아들였고, 나의 기대를 저버리지 않았어요. 그는 당시 고려 백성들이 가장 바라던 개혁 작업부터 추진했어요.

"전하! 원나라가 고려를 지배한 후부터 많은 신하가 제멋대로 백성의 땅을 빼앗았습니다. 또 가난한 백성을 자신의 노비로 만들었습니다. 억울하게 빼앗긴 땅과 신분을 돌려주어야 합니다."

"신돈 그대의 생각이 내 생각과 같구나. 그대로 실행하라!"

1366년 신돈은 나의 허락을 받아 '전민변정도감'이라는 관청을 만들었어요. 그리고 귀족들이 불법으로 차지한 땅을 원래의 주인에게 돌려주었어요.

또한 나는 인재 양성 사업도 벌였습니다. 고려에서 대학 역할을 하던 '성균관'의 시설을 확장하고 더 많은 인재를 뽑아 가르치도록 했지요. 개혁 정책은 뜻대로 풀리는 것 같았어요. 하지만 나는 뜻밖의 위기를 맞았습니다.

나는 원나라에 있을 때 노국 대장 공주와 결혼했어요. 고려에 와서는 인덕 왕후가 되었지요. 나는 왕비를 무척 사랑했습니다. 그런데 왕비는 아기를 낳던 도중 숨을 거두고 말았습니다.

나는 왕비가 죽은 후 슬픔에 빠진 나머지 신돈에게 개혁 작업을 모두 맡겼어요. 대신 나는 궁궐 안에 있는 절에 자주 가서 왕비의 명복을 빌곤 했지요.

그렇게 몇 년의 시간이 흐른 뒤, 몇몇 신하가 나를 찾아와 말했습니다.

"전하께 긴히 드릴 말씀이 있사옵니다. 요즘 고려 백성 사이에 흉흉한 이야기가 나돌고 있사옵니다. 고려의 실질적인 왕이 신돈이라는 소문이옵니다."

전에도 나는 신돈에게 너무 큰 힘을 줘서는 안 된다는 이야기를 들었어요.

당시 나는 신하들의 의견을 무시했지요. 신돈의 개혁 작업에 반대하는 신하들이 그를 헐뜯는 것이라 생각했거든요.

　내가 말했습니다.

　"고려의 왕은 나다. 하늘이 알고 땅이 아는 사실이거늘. 그따위 이야기는 신돈을 미워하는 자들이 지어낸 이야기가 틀림없다."

　"아니옵니다. 실제 전하께서 나랏일을 멀리 한 몇 년 동안 신돈은 왕처럼 나랏일을 하였사옵니다. 이뿐만이 아닙니다."

　"또 무언가?"

　"신돈의 행실도 문제입니다. 신돈은 더 이상 겸손하고 욕심 없는 인물이 아닙니다. 스스로 자기 권력을 더 키우려 애를 쓰고 있습니다."

　권력은 참 무섭습니다. 권력에 맛을 들이면 교만해지고, 욕심이 많아지며 개인의 이익을 먼저 생각하게 되지요.

　신돈도 그랬습니다. 내가 단단히 주의를 주었음에도 불구하고 신돈에 대한 안 좋은 이야기는 그 후에도 계속 나왔어요. 자연히 신돈에 대한 내 믿음은 줄어들었지요.

　나는 1371년 신하들에게 선언했습니다.

　"왕비를 잃은 슬픔 때문에 한동안 나랏일을 소홀히 하였다. 과인의 잘못이다. 앞으로는 직접 나랏일을 챙길 터이니, 그리 알라!"

　내가 직접 나랏일을 살피기 시작하면서 신돈은 차차 힘을 잃었어요. 그러던 어느 날 신돈이 반란을 일으켜 왕이 되려고 한다는 새로운 소문이 궁궐에 나돌았어요.

　나는 즉시 신돈을 개성 남쪽 수원으로 유배 보냈어요. 몇몇 신하가 신돈의

목숨을 살려 두면 나에게 큰 부담이 될 수 있다고 주장했습니다.

하지만 나는 신돈을 죽이고 싶지 않았어요. 신돈이 반란을 일으키려 했다는 결정적인 증거도 발견하지 못했거든요. 또 그가 고려 개혁에 세운 공도 있었지요. 그러나 나의 어머니까지 신돈을 죽이는 게 옳다고 했습니다. 그 말은 차마 거절할 수 없었어요. 나는 결국 신돈을 죽이라는 명령을 내릴 수밖에 없었지요.

나의 개혁 정책은 여러 성과를 냈지만 완벽하게 끝내지는 못했어요. 나는 1374년 또 다른 신하들의 음모로 인해 칼에 찔려 갑자기 죽게 되었지요. 나의 죽음 이후 끝내 고려는 나라가 없어지게 되는 상황에 이르게 된답니다.

고려의 역사 속으로!

아름답다! 고려청자, 세계 최초! 고려 금속 활자

고려 시대에 왕 다음으로 높은 지위를 차지했던 이들은 귀족 계급이었어요. 그런데 고려 말기에 상당수 귀족들이 권력을 남용해 지나칠 만큼 많은 땅을 차지하는 문제가 생겼어요. 이 때문에 고려의 경제는 나빠졌고 일반 백성들의 생활도 더 힘들어졌지요.

결과적으로 이런 귀족들의 행동은 고려 역사에 나쁜 영향을 주었지만, 한편으로는 문화, 기술 분야에 긍정적인 영향도 주었어요. 그들은 백성과는 달리 훨씬 많은 재산으로 사치스러운 생활을 했어요. 본인들의 생활을 더 근사하게 꾸며 줄 아름다운 물건을 많이 만들었지요. 이것은 고려 후기 문화가 발전하는 데 큰 보탬이 되었답니다.

고려의 대표적인 문화재는 도자기예요. 고려는 중국에 도자기를 수출할 만큼 도자기 제작 기술이 뛰어난 나라였어요. 고려 도자기 중에서 특히 유명한 것이 '고려청자'예요. 청자란 푸른빛이 도는 도자기라는 뜻이에요. 고려 시대에 만들어진 도자기의 용도는 다양했답니다. 항아리, 주전자, 찻잔, 접시로 활용하기도 하고 벼루, 연적으로 쓰기도 했어요.

고려의 도자기 기술자들은 '상감 기법'이라는 새로운 기술을 창조했어요. 이 기법은 도자기를 빚은 후 말리기 전에 무늬를 새기고 하얀 흙을 바릅니다. 하얀 흙이 마르면

청자 상감
구름 학 무늬 매병

흙을 긁어내 다시 무늬를 새기고, 그 주변을 붉은 흙으로 메워요. 또 다시 붉은 흙을 긁어낸 후 초벌구이를 하지요. 그런 다음 유약(빛을 내는 기름)을 발라 다시 굽습니다. 이런 복잡한 과정을 거치면 도자기 표면에 신비로운 빛의 무늬가 나타나요. 이런 청자를 '상감 청자'라고 해요.

그리고 또 하나 자랑할 것이 있어요. 바로 고려의 뛰어난 인쇄 기술입니다. 그 당시 고려뿐만 아니라 세계의 모든 나라는 나무에 글자를 새긴 후 그 위에 검은 물감을 바르고 종이를 덧대어 책을 만들었어요. 이런 인쇄 방법을 '목판 인쇄'라고 합니다.

그런데 고려 시대 기술자들은 목판 인쇄보다 더 빼어난 인쇄 기술을 만들었어요. 나무보다 튼튼하고 여러 번 사용할 수 있는 '금속 활자'를 이용했지요. 그 결과 고려는 1234년 세계 최초로 금속 활자를 이용하여 《상정고금예문》이라는 책을 인쇄하는 데 성공했어요. 아쉽게도 이 책을 만들었다는 기록만 있을 뿐 남아 있는 책은 없어요.

하지만 세계 최초로 금속 활자를 이용하여 책을 만든 사실은 변함없어요. 1377년 금속 활자를 이용해서 만든 불교 책인 《직지심체요절》이 있거든요. 이 책은 충청북도 청주에 위치했던 흥덕사에서 만들어진 책으로, 세계에서 가장 오래된 금속 활자본이랍니다.

고려 금속 활자
국내에 남아 있는
단 한 점의
실물 자료예요.

서양에서는 15세기에 최초로 금속 활자를 만들었지만, 우리는 14세기에 금속 활자본까지 만들었어요. 지금 여러분이 읽고 있는 책이 옛 고려에서 시작된 일이라니 정말 놀랍지요?

8장

정도전이 들려주는 고려 멸망과 조선 건국 이야기

# 정도전
1342(충혜왕 복위 3)~1398(태조 7)
고려 말, 조선 초의 문신

"나는 고려와 조선, 두 나라의 정치가인 정도전입니다.
고려가 망하고 새 나라 조선이 생기는 시기에 활동했지요.
475년간 역사를 이어간 고려는 왜 멸망했을까요?
지금부터 고려의 멸망과 조선의 탄생에 대해 이야기해 줄게요."

고려의 멸망과 조선의 건국 연표

- 1374년 우왕, 제32대 왕위에 오르다
- 1380년 최무선, 진포 대첩에서 화약으로 왜구를 무찌르다
- 1383년 정도전, 이성계 장군과 처음 만나다

- 1388년 최영, 요동 정벌을 실시하다
  이성계, 위화도 회군으로 반란을 일으키다
- 1389년 공양왕, 고려 왕조의 마지막 제34대 왕위에 오르다

- 1390년 이성계, 고려의 권력을 장악하다
- 1392년 고려, 신진사대부 세력에 의해 멸망하다
  이성계, 조선 제1대 왕이 되다

더보기
정도전은 이성계와 함께 새로운 나라, 조선을 만든 혁명가이자 학자예요. 정도전은 왜 고려 대신 새로운 나라를 꿈꿨던 걸까요? 고려 안에서 좋은 정책들을 만들 수도 있었을 텐데 말이에요. 아쉽지만 고려가 어떻게 끝을 맺게 됐는지 알아볼까요?

고려는 왜 멸망하게 됐을까?

나는 공민왕의 죽음 소식을 듣던 날 탄식이 저절로 나왔습니다. 고려의 운명이 얼마 남지 않았다는 생각이 들었거든요. 공민왕이 힘썼던 개혁 작업은 고려를 다시 살릴 수 있는 희망의 불꽃이었기 때문입니다.

공민왕의 아들 우왕이 아버지를 이어 고려 제32대 왕이 되었습니다. 왕에 즉위했을 때 우왕은 겨우 10살이었어요.

이때 이인임이라는 신하가 우왕을 왕으로 추대하는 데 큰 공을 세웠어요. 자연히 이인임은 어린 왕을 대신해서 나라를 이끌게 되었지요. 하지만 그는 나랏일보다 권력에 더 눈독을 들이는 신하였어요. 그는 자신의 세력을 키우기 위해 일방적으로 원나라와 친하게 지내려는 정책을 추진했어요.

하지만 이 당시 중국 땅에는 큰 변화가 있었습니다. 1368년에 원나라의 힘이 약해진 틈을 타 한족 지도자인 주원장이 명나라를 세웠지요. 명나라는 세력을 키우더니 결국 원나라를 중국 북쪽으로 몰아냈습니다.

이제 중국 땅의 1인자는 명나라가 확실했습니다. 그럼에도 이인임은 아랑곳 않고 친원 정책을 강행했어요.

이인임이 제멋대로 권력을 휘두를 때 나는 계급이 낮은 벼슬에 불과했습니다. 그가 주장한 친원 정책은 고려의 앞날에 도움이 되지 않는 정책이었어요.

1375년 나는 이인임에게 원나라와 친하게 지내는 것은 좋지 않다고 비판했어요. 이인임은 나의 비판에 노발대발했습니다.

"정도전 그 자의 벼슬을 빼앗고 유배를 보내라!"

그 사람이라면?

나는 처음 유배를 간 회진현(오늘날 전라도 나주)에서 2년을 지내다 고향 봉화로 돌아가서 살게 되었어요.

나는 유배 생활을 하는 동안 농민들의 생활고를 자주 목격했습니다. 귀족 집안은 백성의 땅을 야금야금 빼앗아 거대한 농장을 만들었고, 많은 백성을 농장 노비로 부렸지요.

설상가상으로 일본의 도둑떼인 왜구가 고려에 자주 침략했어요. 그들은 해안가 근처 마을에 배를 타고 와 물건을 약탈하고 사람들을 죽였어요.

왜구 문제는 1380년에 어느 정도 해결이 되었어요. 총사령관인 최영은 전국 각지에서 왜구를 막아 냈고, 화약을 발명한 최무선은 진포 대첩에서, 젊은 장수인 이성계는 황산 대첩에서 활약해 고려에 쳐들어온 왜구 무리를 크게 무찔렀거든요. 그러나 왜구 문제가 수그러들어도 백성의 살림살이는 나아지지 않았지요.

나는 유배에서 풀려난 뒤에도 다시 벼슬에 오르지 못했어요. 이인임 일파가 여전히 권력을 쥐고 있었거든요.

나는 이런 생각을 자주 했어요.

'과연 고려에 희망이 있는 걸까?'

무능한 왕, 부패한 지도자와 귀족들이 다스리는 나라에 희망이 있기는 한 건지 걱정이 되었어요.

'그래도 절망하지 말자. 어디에서 희망을 찾을 수 있을까?'

이 문제를 골똘하게 생각하니 방법은 하나뿐이었습니다. 타락한 왕과 권력자들을 몰아내고 완전히 새로운 나라를 세우는 것이었지요.

새 나라를 세운다고 생각하니 중요한 점이 있었어요. 누가 나라를 세울 주인공이 될 것인가.

나 정도전이? 그건 불가능했어요. 나는 힘없는 선비에 불과했지요. 또 왕과 지도자를 몰아내기 위해서는 군사력이 필요한데, 나를 따르는 병사는 단 한 명도 없었거든요.

1383년 어느 날, 어떤 사람이 불현듯 떠올랐습니다. 나도 모르게 이런 말이 입에서 새어 나왔습니다.

"그래! 그 사람이라면 가능하지 않을까?"

공민왕 시절부터 지금까지 홍건적, 왜구와의 전투에서 크게 활약해 고려의 영웅으로 떠오른 그 사람! 부패한 귀족과는 가깝지 않은 그 사람!

내가 떠올린 인물은 바로 이성계였습니다.

개경으로 돌아가겠소!

　당시 이성계는 고려의 동북 지역을 지키는 사령관으로 일하고 있었어요. 나는 일단 그를 만나 보고 싶었어요.
　1383년 가을, 나는 봇짐을 싸서 이성계가 있는 고려군 진지로 향했어요. 먼 여정이었지만 나에게 희망을 줄 인물을 만나러 간다고 생각하니 하나도 피곤하지 않았지요.
　며칠에 걸쳐 이성계가 근무하는 고려군 진지에 도착했어요. 진지에는 병사들이 많았고 다들 훈련을 열심히 하고 있었어요. 병사가 나의 신분을 확인한 후 이성계에게 데려갔어요.
　"소인, 정도전이라 하옵니다."
　"반갑소, 어떻게 이런 먼 곳까지?"
　"청년 시절에 정몽주와 함께 같이 공부를 했었지요. 그에게서 장군이 용맹하고 지도력이 뛰어나다는 이야기를 들은 적이 있습니다. 그래서 한번 찾아뵙고 싶었습니다."
　"아, 정몽주! 그와 같이 왜구를 토벌한 적이 있소."
　"장군께서 군대를 잘 통솔하신다는 걸 한눈에 알 것 같습니다. 무기와 장비가 잘 정비되어 있고 군사들도 빠릿빠릿하게 움직이지 않습니까."
　"국경을 지키는 군대라면 당연히 그래야 하지 않겠소."
　"이 정도 군대라면 무슨 일인들 성공할 것 같습니다……."
　내가 한 말의 진짜 뜻은 이 군대의 힘으로 고려를 새롭게 바꿔 보자는 것이었어요.

내 말에 이성계가 잠시 멈칫하더니 나에게 물었습니다.

"무슨 일인들 성공할 수 있다? 그게 무슨 뜻이오."

"하하! 이 정도면 왜구쯤은 가볍게 물리칠 수 있겠다는 뜻입니다."

이성계는 고개를 끄덕이며 나를 물끄러미 바라보았습니다.

그 순간 나는 본능적으로 깨달았어요. 이성계가 내 의도를 이해했다는 것을요. 다만 마음속 생각을 입 밖으로 낼 수 없어 고개만 끄덕였다는 것을 알 수 있었지요.

이듬해에 나는 관직에 복귀할 수 있었어요. 이성계는 내가 성균관의 총책임자인 성균대사성이 되는 걸 도와주기도 했어요. 그리고 이성계도 순탄하게 장군 생활을 이어갔지요.

그러던 어느 날 나와 이성계 그리고 고려의 운명을 송두리째 바꾼 사건이 일어났습니다.

1388년 2월 명나라는 고려에 사신을 보내 철령(강원도에 있는 고개) 북쪽 땅을 차지하겠다고 했습니다.

철령 북부는 공민왕 시대에 고려가 원나라 군대를 몰아내고 고려 땅으로 만든 곳이었어요. 명나라는 자기들이 원나라를 몰아내고 중국을 다스리고 있으니, 과거에 원나라가 다스렸던 곳들 모두가 명나라의 영토라고 우겼어요. 심지어 명나라는 철령 쪽에 '철령위'라는 기구를 설치해 직접 그 지역을 다스리려고 했어요.

갑작스러운 상황에 고려에서 우왕과 높은 신하들이 모여 회의를 열었어요. 당시 장군 중 가장 계급이 높았던 최영은 명나라의 요구를 거절하자고 주장했어요. 그리고 고려가 만만한 나라가 아니라는 것을 보여 주자며 명나라의 요동 지방을 먼저 공격하자고 했지요.

우왕은 최영의 주장을 받아들여 요동 공격에 참여할 병사를 전국 각지에서 불러 모았어요. 최영은 전국 8도의 병력을 총지휘할 수 있는 팔도도통사를 맡았고, 이성계와 조민수는 각각 우군도통사, 좌군도통사로서 요동 정벌에 나섰습니다.

이때 이성계는 요동 정벌을 반대했어요. 나 또한 이성계와 같은 생각이었어요. 최영의 계획은 얻는 것보다 잃는 것이 훨씬 많았거든요.

그러나 이성계는 왕의 명령을 거역할 수 없었기 때문에 4만여 명의 병사들을 이끌고 개경을 떠났어요.

개경을 떠난 지 며칠 후 고려군은 압록강을 건너던 중, 폭우로 강물이 불어나 강 가운데에 위치한 위화도라는 섬에 머물게 되었어요.
 이성계는 위화도에 머물면서 많은 생각을 했어요. 결국 이성계는 압록강을 건너기 전 편지를 써서 개경에 보냈어요.

 '첫째, 요동이 명나라의 변두리이기는 하지만, 고려보다 큰 나라임은 확실합니다. 우리가 명나라를 공격하면 그쪽에서 즉시 대군을 동원해 반격할 수 있습니다. 둘째, 더구나 지금은 5월입니다. 여름철에 군사를 동원하는 것은 옳지 않으니 식량 사정이 좋은 가을에 하는 편이 낫다고 생각하옵니다. 셋째, 온 병사가 다 요동으로 향한다면 이 틈새를 노리고 왜구가 쳐들어올지도 모릅니다. 넷째, 비가 무수히 많이 내리기 때문에 병사들의 이동이 힘들며, 화살이 잘 날아갈 리 없습니다. 오히려 전염병이 돌 가능성이 큽니다.'

이러한 네 가지의 이유로 요동 정벌을 다음으로 미루는 게 좋겠다는 내용(4불가론)이었어요. 하지만 우왕은 이성계의 제안을 단번에 묵살했습니다.

그날 밤 이성계는 조민수에게 말했습니다.

"장군, 아무래도 요동 정벌은 무모하오."

"나도 걱정이 많소."

"나는 군사를 돌려 개경으로 돌아가려 하오."

"그, 그건 왕의 명령을 거역하는 것이오. 장수가 왕의 명령에 거역한다면 어떤 벌을 받게 되는지 장군도 잘 알지 않소?"

"거역이라도 할 수 없소. 나는 돌아가겠소. 나와 함께해 주시오."

1388년 이성계가 군대를 되돌려 개경으로 돌아간 이 사건을 '위화도 회군'이라고 해요. 장수가 왕의 명령을 거역하는 것은 반란 행동이지요. 이성계는 죽을 각오를 하고 군사를 되돌린 겁니다.

우왕은 이성계 군대가 개경으로 오고 있다는 소식에 분노했습니다.

"감히 왕의 명령을 거역해! 이성계가 개경에 오면 당장 체포하라."

이성계 군대가 개경에 도착하자마자 최영이 지휘하는 고려군은 이성계를 체포하기 위해 앞길을 막아섰어요. 그러나 이성계 군대는 물러서지 않고 공격을 퍼부었습니다. 그도 그럴 것이 최영은 요동 정벌을 반대하는 이성계의 마음을 돌리고자, 이성계에게 최대한 많은 수의 군대를 지원했었거든요. 그러다 보니 상대적으로 최영 군대의 규모가 작아 이성계의 반란에 맞서기 쉽지 않았고, 속수무책으로 당할 수밖에 없었어요.

정도전이 들려주는 고려 멸망과 조선 건국 이야기

마침내 이성계 군대는 위화도를 떠난 지 10여 일 만에 개경을 정복하는 데 성공했습니다.

백성의 마음을 얻어야 합니다

이성계는 즉시 우왕과 최영을 강화도로 유배 보냈어요. 고려 최고 권력자가 된 그는 우왕의 어린 아들인 창왕을 새 왕으로 앉혔습니다.

이성계는 개경을 점령하자마자 나를 불렀습니다.

"최영을 몰아내기는 했지만 앞으로 어떻게 해야 할지 막막하오."

"걱정 마십시오. 제가 장군 옆에서 고려를 개혁하는 일을 돕겠나이다."

이성계는 나에게 밀직부사라는 벼슬을 주어 궁궐의 경호, 군사 기밀 등을 관리하도록 했어요. 이때부터 나는 가장 가까운 자리에서 이성계를 돕는 신하가 되었어요. 나와 생각이 비슷한 조준, 남은 등의 신하들도 함께 이성계를 도왔지요. 나를 포함해 어려서부터 유학을 공부해 신하가 된 이런 사람들을 '신진 사대부'라고 합니다.

나를 비롯한 몇몇 신진 사대부는 이성계에게 이런 제안을 했습니다.

"아직 백성 중 상당수는 장군의 행동을 반란으로 보고 있습니다. 지도자는 무엇보다 백성의 마음을 얻어야 합니다. 조금 더 과감한 개혁 정책이 필요합니다. 토지 제도 개혁인 과전법부터 서두르는 게 어떻겠습니까. 억울하게 땅을 빼앗긴 백성에게 귀족들이 소유한 토지를 몰수해 원래대로 돌려주셨으면 합니다."

이성계는 제안을 받아들였어요. 토지 제도 개혁은 위화도 회군으로 등 돌아선 백성들이 이성계를 긍정적으로 바라보는 중요한 계기가 되었지요.

한편 1389년, 일부 신하가 유배된 우왕을 다시 왕 자리에 앉히려는 시도를 했습니다. 하지만 이성계가 사전에 알아차려 우왕의 자식인 창왕을 왕위에서

역사 궁금증

궁금이 : 무신에 문신에 이젠 신진 사대부요? 뭐가 이렇게 많아요?

정도전 : 껄껄, 고려 시대의 지배 계급 이름만 살펴도 고려의 흥망성쇠를 알 수 있어. 자, 처음부터 다시 찬찬히 살펴볼까.

호족 > 문벌 귀족 > 무신 > 권문세족 > 신진 사대부

고려가 건국되면서 태조가 지방의 세력가인 호족들을 통합하기 위해 다양한 제도를 펼쳤었지. 이후 호족들은 중앙 정부의 주요 관료로 일하면서 왕실과 혼인 관계를 맺거나 음서 제도를 통해 고려의 귀족 세력으로 자리 잡았어. 이들이 바로 문벌 귀족이란다.

하지만 문벌 귀족도 그리 오래가지는 못했어. 무신 정변으로 몰락할 수밖에 없었거든. 이의방부터 최 씨 세력까지 100년이 넘는 시간 동안 무신들이 정권을 이어 갔어. 그사이 고려는 원나라의 심한 간섭을 받았고, 왕들이 원나라에 가 있는 동안 친원파 권문세족 세력이 고려를 쥐락펴락했지.

하지만 이성계가 고려 실권을 장악한 이후, 내가 제안한 과전법으로 인해 권문세족은 모든 재산을 빼앗겼고 몰락할 수밖에 없었단다. 신진 사대부는 대부분 과거 제도를 통해 관료가 된 사람들이야. 조선의 건국은 우리 신진 사대부를 통해 이루어졌다고 볼 수 있지.

몰아냈습니다. 그리고 귀족 출신인 공양왕을 새로운 왕으로 세웠지요.

이즈음 이성계를 도와 개혁을 추진한 신진 사대부는 두 파로 나누어졌어요. 나와 조준 등 급진 개혁파는 이번 기회에 고려를 없애고 새 나라를 세워야 한다고 주장했습니다. 정몽주를 중심으로 한 온건 개혁파는 개혁은 계속 추진하되 새 나라의 건국은 결사반대했습니다.

정몽주는 정직하고 유능한 신하였습니다. 나는 정몽주가 새 나라를 세우는 데 뜻을 같이 하기를 바랐지만 그는 한결같이 뜻을 굽히지 않았어요. 결국 이성계의 아들인 이방원이 부하 장수를 동원해 정몽주를 죽였습니다.

나는 정몽주 세력이 약해진 시기부터 본격적으로 새 나라의 건국을 계획했어요. 나는 이성계를 새 나라의 첫 왕으로 만들기 위해 그를 찾아갔습니다.

"장군, 새 나라의 건국을 더 이상 미룰 수 없습니다. 하루라도 빨리 장군께서 왕위에 올라 새로운 이 씨 왕조를 열어야 하옵니다."

이성계는 왕위에 오르는 걸 주저했어요. 하지만 나와 조준 같은 신하들이 연이어 새로운 왕이 되어 달라고 간곡히 청하자 끝내 받아들였지요. 결국 1392년 7월 허수아비 왕인 공양왕이 왕위에서 물러났습니다.

나는 새 나라의 시작을 앞두고 깊은 생각에 빠졌습니다.

'왜 고려는 약한 나라가 되었는가? 첫째, 무능한 왕이 나라를 망쳤다. 둘째, 부정부패를 일삼는 귀족들이 제멋대로 권력을 휘둘렀다.

새 나라는 이 착오를 막아야 한다. 왕은 대대로 자식들에게 자리를 물려주기 때문에 혹여라도 무능한 왕이 나올 가능성이 있다. 이러한 왕조의 단점을 메꾸기 위해서는 유능하고 청렴한 신하가 많아야 한다. 왕이 나라의 최고 지도자이더라도 실질적으로는 다재다능한 선비들이 다스리는 나라여야 한다!'

나는 이 생각에 따라 새로운 나라의 통치 규범을 제시한 《조선경국전》을 써 냈어요. 이 법전은 훗날 조선의 뼈대를 이루는 법과 제도가 되었지요.

역사에 영원한 것은 없습니다. 나라도 마찬가지이지요. 고려는 475년 만에 사라졌어요. 그리고 고려가 사라진 자리에 새로운 역사가 시작되었어요. 바로 태조 이성계가 세운 새 나라, 조선이 탄생하게 되었답니다.

고려의 역사 속으로!

포기는 없다! 화약을 발명한 최무선

이성계는 고려에 쳐들어온 홍건적과 왜구를 물리치는 데 여러 번 공을 세우며 명 장수로 이름을 떨쳤어요. 그런데 이성계 말고도 고려 군대가 왜구를 물리칠 때 큰 역할을 한 사람이 있었어요. 바로 최무선이라는 군사 기술자였습니다.

1325년에 태어난 최무선은 젊은 시절부터 글공부보다는 무기를 만드는 일에 흥미를 가졌어요. 그는 자기 재주를 잘 살려 무기를 만드는 '군기감'에서 일하게 되었어요.

그 무렵 고려의 가장 큰 골칫거리는 일본의 도적 떼 왜구들이었어요. 왜구들은 일본에서 가까운 한반도의 남쪽 해안 지방은 물론, 수도 개경 근처까지 쳐들어와 약탈을 일삼았어요. 최무선은 왜구를 물리치려면 창, 칼 같은 무기보다 훨씬 위력적인 무기가 필요하다고 생각했어요. 그가 고심 끝에 생각해 낸 무기는 바로 화약이었어요.

그러나 화약을 이용해 무기를 만드는 건 대단히 어려운 일이었어요. 당시 화약 제조 기술을 가진 나라는 중국의 원나라뿐이었고, 원나라는 외국에 이 기술을 절대 가르쳐 주지 않았거든요.

화약의 재료는 세 가지! 염초, 유황, 목탄이었어요. 문제는 어떤 비율로, 어떤 방법으로 이 재료들을 섞어야 되는지 몰랐지요. 재료가 있어도 구체적인 제조 방법을 모르니 폭발력을 가진 화약을 만들기 어려웠어요. 그리고 군기감에서도 그가 화약을 만드는 일을 탐탁지 않게 여겨, 최무선은 스스로 이 비밀을 알아내기 위해 고군분투했어요.

최무선 영정

노력하는 자에게는 복이 오리니! 최무선은 수소문 끝에 고려에 방문한 중국 상인 중에 화약 기술에 대해 알고 있는 사람을 찾아냈어요. 최무선은 그에게 장차 나라와 백성들을 구하기 위한 일이라며 화약 제조법을 알려 달라고 간절히 부탁했지요. 중국 상인은 처음에는 모른 체했지만, 포기하지 않는 최무선의 자세에 감동하여 화약 제조법을 알려 주었어요.

최무선은 몇 번의 실패 끝에 마침내 폭발력이 강한 화약 제조법을 찾아냈어요. 그는 나라에 화약을 만드는 군사 기관을 설치하자고 제안했고, 그의 제안에 따라 1377년에 '화통도감'이 만들어졌지요. 덕분에 최무선은 화통도감에서 화약을 이용한 대포와 화포 등 여러 무기를 만들 수 있었어요.

최무선이 만든 화약 무기들은 1380년에 빛을 보았어요. 왜구가 약 500척의 배를 이끌고 진포 앞바다에 밀어닥쳤어요. 반면 고려 해군은 단 100여 척의 배에 화약 무기를 싣고 출동했어요. 결국 진포 대첩은 고려의 큰 승리로 끝났습니다. 왜구들이 탄 배는 고려의 화약 공격에 제대로 싸우지도 못하고 바다에 침몰했지요.

최무선의 아들 최해산 또한 아버지의 기술을 이어 받아 조선 시대에 화약 무기 제조 기술자로 활동했어요. 끈기 있는 자세로 한 분야에 매진한 최무선! 그 덕분에 훗날 조선 시대의 임진왜란에서도 왜구의 공격을 거뜬히 막아 낼 수 있었답니다.

사진 자료 소장처

29쪽 개성전도 서울대학교 규장각한국학연구원 / 중앙도서관

47쪽 합천 해인사 장경판전 문화재청, 관촉사 석조 미륵보살 입상 문화재청

65쪽 안국사 문화재청, 낙성대 삼층 석탑 문화재청

80쪽 건원중보 국립중앙박물관

81쪽 상평통보 국립중앙박물관

98쪽 삼국사기 국립중앙박물관

99쪽 삼국유사 국립중앙박물관

118쪽 강화산성 문화재청

139쪽 청자 상감 구름 학 무늬 매병 국립중앙박물관, 금속 활자 국립중앙박물관

159쪽 최무선 영정 국립현대미술관

※ 이미지 자료는 공공누리 정책에 따른 저작권에 준합니다. e뮤지엄과 각 기관의 홈페이지에서 제공하는 자료 중에서 자유 이용이 가능한 공공누리 1유형으로 개방한 이미지들을 사용했습니다. 해당 저작물은 각 기관의 홈페이지에서 무료로 다운로드 받으실 수 있습니다.

e뮤지엄 www.emuseum.go.kr
국립중앙박물관 www.museum.go.kr
문화재청 www.cha.go.kr

※ 이외 기관이 소장한 이미지는 모두 이용 허가를 받고 사용했습니다.